국영수는 핑계고 인생을 배웁니다

조이엘 지음

국영수는 핑계고 인생을 배웁니다

공부가 인생에 태클이 되지 않는
삶을 위한 안내서

섬타임즈

일러두기

◇ 본문에 나오는 모든 인물명은 개인정보 보호를 위해 가명으로 표기했습니다.

◆ 작가의 의도를 잘 전달하기 위해 일부 문장은 작가의 입말을 그대로 살렸습니다.

모든 아이는 자신만의 스토리가 있다

그 비싸다는 반포자이가 주공아파트일 때 이야기다. 나는 그곳에 살던 반포고등학교 1학년 현수에게 수학과 영어를 가르쳤다. 현수는 세상 순하고 똑똑한, 피부마저 뽀얀 전형적인 강남 아이였는데 내가 내준 숙제를 몇 달째 해오지 않았다. 변명은 항상 똑같다.

"선생님, 시간이 없어요."

불가피하게 수업을 30분쯤 늦게 끝내고 나오던 날, 계단을 올라오는 낯선 아저씨와 스쳤는데 현수 집으로 들어갔다. 다음 수업 날, 그분은 누구셨냐 물으니 사탐 과외 선생님이란다.

국어와 물리 과외 선생님도 다른 날 따로 오신다고 했다.

그제야 몇 달 묵은 의문이 풀렸다. 현수가 수학, 영어, 국어, 물리, 사탐 숙제를 다 하려면 하루가 30시간은 되어야 했다. 어차피 다 할 수 없다면 가장 중요한 과목인 수학부터 해결하는 게 합리적이지만 현수는 달랐다. 무서운 선생님 순서대로 숙제를 해결했고, 강압과 잔소리라곤 1도 하지 않는 내가 내어준 수학과 영어 숙제는 항상 뒷전으로 밀렸다. 현수가 멍청했던 걸까? 아니다. 중요도 판단이 판타지와 비슷한 것, 그게 10대의 뇌다.

수학 과외 선생님은 아이에게 최선의 강의를 제공하고 합당한 숙제도 던진다. 하지만 그 아이가 학교 수업 외에 영어 숙제도 해야 하고, 국어와 다른 과목까지 공부해야 한다는 사실은 심각하게 고려하지 않는다. 사실 자기 과목이 아니니 알 수도 없다. 영어 선생님도, 국어 선생님도 마찬가지다.

현수 상태론 수학과 영어 성적이 나아질 수 없다. 그렇다고 적당히 돈만 받으며 과외를 유지하는 건 당시 나로선 수치스러운 일이었다. 어떻게 하면 이 난국을 타개할 수 있을까?

내 머리론 모자라 집단지성을 이용했다. 서울대 동문들과 꾸려오던 독서 모임에서 이 주제를 슬며시 던졌는데, 다들 공부로는 어딜 내놔도 빠지지 않는 녀석들이라 아주 신났다. 토론이 불꽃을 튀긴다. 내용은 각설하고, 다음은 서울대생이 뽑은, 과외 선생님이 갖춰야 할 최고의 자질이다.

- 중요도와 시급성을 조합해 과목별 공부 시간을 절묘하게 차등해서 배분해줄 수 있는 선생님
- 아이 심리 상태와 성취도를 정확히 파악하고 그에 맞춰 힘을 줘야 할 과목, 잠시 힘을 빼도 될 과목을 판단하고 결정해줄 수 있는 선생님

한 과목만 가르치는 선생님은 절대 가질 수 없는 능력이다. 전 과목을 동시에, 그것도 잘 가르칠 수 있는 선생님만 가능한 일이다. 아리스토텔레스도 아니고 요즘 세상에 가능한 일이겠냐며 우리 모두는 웃고 말았다.

며칠째 머릿속에서 한 문장이 떠나지 않았다. 전 과목을 가르치는 과외 선생님. 그리고 결정했다. 현수를 성공시킬 방법이 이것밖에 없다면 내가 해야겠다. 할 수 있는 일보다 해야 할 일을 하는 게 가치 있고, 해야 할 일을 계속하다 보면 할 수 있는 일이 되기도 하니까.

물론 쉬운 일이 아니었다. 수학과 영어는 문제없지만 국어와 물리, 사탐은 1시간 수업을 위해 2시간을 연구해야 했다. 그렇게 현수와 나는 각자 선 자리에서 자신의 전투를 수행하는 동지로 2년을 넘게 보냈다. 현수는 서울대에 합격해 내 후

배가 되었고, 지금은 법조인으로 살고 있다. 20년 하고도 몇 년 더 된 이야기다.

현수의 입시를 성공시킨 후 나는 꿈에 부풀었다. '전 과목을 가르칠 수 있는 서울대 출신 과외 강사'로 입소문을 타서 건물 하나쯤 쉽게 올릴 수 있으리라 기대했다.

웬걸, 조용하다. 어쩌다 한 명씩 엄마들 소개로 알음알음 과외가 들어온다. 나중에 내가 가르친 아이들의 엄마들과 식사하며 알았다. 아이들이 하나같이 이렇게 말한다는 걸.

"엄마, 우리 선생님 절대, 다른 애들에게 소개해주면 안 돼! 정 소개해주려면 나랑 다른 학년. 알지?"

그렇게 강남 어디에 자리할 수도 있었을 내 건물은 허망하게 사라졌다. 건물은 고사하고 부작용이 생겼다. 가르치는 건 공부 잘하는 아이를 맡아서 더 잘하게 만드는 게 가장 수월한데, 현수 이후 난해한 아이들만 맡게 되었다.

"방학 때마다 용하다는 선생님께 다 보내봤는데 안 돼요. 수학이 아이 인생에 태클이에요."

"독해가 어느 수준에서 딱 멈추더니 도대체 올라가질 않아요."

"중학교 땐 전교권이었는데 고등학교 진학하자마자 내리막이에요. 친척들은 다 우리 아이가 여전히 공부 잘하는 줄 알아요. 그래서 아이가 명절날 할아버지 집을 안 가려고 해요."

"어쩌죠. 저희 아이가 외고 가서 꼴등하고 있어요."

다들 내로라하는 집안 자식들이다. 대기업 사장 아들, 국정원 간부 딸, 국회의원 손자, 국회의원 조카, 대기업 이사 아들, 전직 판사 손자…. 노량진 대형 학원 원장님 부부가 과외를 의뢰하기도 했다. 엄마들이 나를 과외 강사보다는 '치료사'로 부른다는 말을 우연히 들었다.

아이들 그림자로 음지에서 나름 화려하게 살아가던 나는 마흔즈음이 되면서 서울 생활을 정리하고 제주로 이주했다. 남들 두 배쯤 열심히 살았으니 적당한 은퇴라고 생각했다. 책 읽고, 글 쓰고, 유유자적 사는 걸로 인생 후반부를 채우려고 했는데 몇 안 되는 제주 지인들이 나를 가만두지 않는다. 자기들 아이와 친구 아이들, 그렇게 꼬리에 꼬리를 물고 문을 두드린다.

서울에선 내게 인생의 한 부분을 맡긴 아이를 좋은 대학에 보내는 게 전부라고 생각했다. 하지만 마흔을 넘기니 다른 게 보인다. 군대, 취업, 결혼, 가정 등 아이들 대학 이후 인생이 눈에 밟히기 시작한다. 갱년기인가?

그렇게 제주에서 아이들을 가르치며 살던 어느 해 늦봄, 지인 소개로 엄마 다섯 분이 찾아왔다. 의사, 선생님, 사업가, 공무원, 예술가로 어지간하면 제주에서 아쉬운 소리 안 하고 살아왔을 엄마들이 간절한 표정으로 내게 사정한다.

"제발 우리 아이들 좀 맡아주세요!"

들어보니 아주 가관이다. 초등학교 때부터 여러 경로로 친해진 아이들이라 자연스레 엄마들도 한 그룹이 되었단다. 중학교 1학년 1학기가 끝나가는 현재, 한 아이만 빼고 '발작적' 사춘기다. 나머지 한 아이는 우울한 사춘기를 겪고 있었다. 아이들 모두 게임 중독 아니면 스마트폰 중독이었다. 거기에 더해 한 녀석은 몇 번이나 친구들 물건을 훔쳤고, 슬슬 연애와 음란물에 몸을 담그려는 아이까지 있었다.

내 능력 밖이라고 손사래를 치는데 엄마들 표정이 간절하다. 온갖 방법 다 써봤지만 이젠 포기 상태라고, 선생님 아니면 답이 없단다. 그러면서 한두 명씩 눈물을 훔치기 시작한다. 어떤 엄마는 30분 내내 눈물바다다. 아이들은 모를 테다. 지들이 엄마의 눈물 버튼인 걸.

신神은 모든 곳에 있을 수 없어 엄마들을 만든 게 틀림없다. 헌신은 기본값으로 세팅되어 있고, 자녀의 방황과 실패를 오롯이 자신 책임으로 떠안는 행위는 엄마밖에 할 수 없으니. 하지만 엄마도 사람이다. 아이 앞에서 울지 못하니 내 앞에서 운다. MBTI가 대문자 F인지라 생각 없이 베풀고 나중에 후회하는 인생을 수십 년째 살아왔으면서도 또 입이 먼저 나댄다.

"제가 맡을게요. 그만들 우세요."

여름방학 내내 지켜보니, 참 대책 없는 아이들이다. 이래선 안 되겠다 싶어 엄마들을 불렀다. 공부는 둘째고 일단 아이들과 여행을 갔다와야겠다고 했다. 2학기 시작 무렵이라 두세 명은 반대할 줄 알았는데 일제히 환호를 지른다. 그렇게 나는 여름방학이 끝나고 9월 초, 1분 앞을 예상할 수 없는 중1 남학생 5명과 서울에서 방황하고 있는 중1 여학생 1명을 데리고 5박 6일 도쿄 여행을 떠났다.

여행 내내 태풍 '제비'가 일본 관서지방에 상륙해 차근차근 도쿄로 향하고 있는데, 아이들은 태풍 따위 신경도 쓰지 않는다. 공동묘지 마을로 유명한 니시닛포리에 있는 호텔을 숙소로 잡았다. 밤에 너희들끼리 호텔 밖으로 나가면 야쿠자한테 끌려갈 수 있어, 꼭 선생님이랑 같이 나가자, 신신당부했건만 아이들은 밤 12시, 시키지도 않은 담력 훈련을 한다며 10분을 걸어 니시닛포리에서 가장 큰 공동묘지를 누비고 왔다는 걸 다음 날 아침에 알았다. 아마 저희들끼리 이렇게 말했겠지. 야쿠자래, 선생님이 우릴 초딩으로 아시나봐 낄낄낄. 그래, 야쿠자든 귀신이든 다 물리치고 살아 돌아와 고맙다. 너희들 덕분에 내 담력이 커졌다. 샤워 후 알몸에 흰 샤워 가운만 걸치고 호텔 밖 편의점으로 가려는 녀석을 다행히도 복도에서 마주쳐 황급히 방에 도로 집어넣었다. 어떤 아이는 신주쿠에서 횡단보도를 건너다 맞은편 빌딩 옥상 전광판에 나온 모델에 홀려 10분 정도 국제 미아가 되었다. 아사쿠사에선 두 녀석이 기념품을 산다고 말도 없이 사라져 30분 넘게 애를 태웠다. 현지인들도 예약이 어렵다는 지브리 박물관을, 일본 지인에게 부탁해 어렵게 표를 구해 갔건만 대기 줄이 길다고 생전 처음 보는 일본 직원들에게 영어로 쌍욕을 던진다. 다행히 발음이 후져 못 알아들은 눈치다. 야스쿠니 신사 박물관 앞 가미카제 대원 동상 앞에서 난데없이 춤을 추는 이유는 뭘까? (마침 태풍이 도쿄를 관통하는 날이었고, 폭우가 내렸다 그치기를 반복하는 날이라 시비 걸 극우 인간들이 없어 다행이다 싶었다.) 그 조용한 일본 지하철 안에서도 시끌시끌 와글와글 남 눈치 따윈 전혀 안 본다. 와세다 대학 기념품 숍 겸 카페에서, 커피 마시며 글 읽고 노트북 작업하는 그 진지한 공간에서, 왁자지껄 한국어로 깔깔대고 팔씨름하면서 환호한다. 도쿄 타워 아래 쇼핑몰에선 다이소에서도 팔 것 같은 슬리퍼를 10만 원이나 주고 산다. 엄마 준다고 츠키지 시장에서 산 예쁜 그릇들, 떠나는 날 고스란히 호텔에 기증하고 온다. 미슐랭 투스타 라

멘집, 엄청나게 비싼 스시도 사 먹였는데 먹고 나서 바로 맥도날드로 달려간다. 영어는 한마디도 못하는 녀석이 아빠에게 줄 용각산을 사러 가는데, 어떻게 하나 지켜보니 현지 직원을 불러 이렇게 말한다. "넥 페인, 넥 페인!" 그걸 또 찰떡같이 알아듣고 용각산을 찾아주는 직원이라니.

(작은 글씨로 써도 이렇게나 내용이 넘치는데 풀 버전 스토리는 10배 이상이다.)

무덥고 힘들고 가슴 졸이는 5박 6일이었지만 감사한 시간들이었다. 공부만 할 때는 몰랐던, 책상 앞에서는 드러나지 않았던 보석같이 신선하고 아름다운 영혼들이 살짝살짝, 사춘기 너머로 모습을 드러낸다. 어쩌면 문제는 그 모습을 발견하려 하지 않았던 우리 어른들 아니었을까?

아이들에게 말했다. 어떤 일이 있어도 선생님은 너희들 편이다. 다만 위험한 일, 범죄가 되는 일, 남에게 피해 주는 일, 부끄러운 일은 피했으면 좋겠다. 설령 그런 일을 저질렀다 해도 나는 너희들 편이다.

그렇게 나는 아이들의 안전기지가 되어주었고 좌충우돌일망정 아이들은 앞으로 나아갔다. 한 아이는 끝내 게임 중독을 극복하지 못했지만 그래도 학업을 포기하지는 않았다. 세 아이는 제주대, 두 아이는 인 서울, 한 아이는 서울대로 인생 경로는 갈렸지만 다들 건강하게 자라났고 그 어려운 사춘기를 큰 사고 없이 흘려보냈다.

한 번씩 지인들이 말한다. 그 좋은 실력과 그 많은 경험을 썩히지 말고 학원을 차리라고. 떼돈 벌겠다고.

나도 그러고 싶지. 하지만 그럴 수 없다. 모든 아이는 각자 자신만의 스토리가 있다. 스토리들이 너무나 다르고 다양하기에 한 아이를 읽고 이해하고 동행하는 데 우주만큼의 노력이 필요하니까.

제주에서 마지막으로 맡은 아이는 승진이다. 초등학교 때 이미 수학을 포기했고 집중력은 10분을 넘기지 못하는 아이였다(171쪽 CHAPTER7 참고). 중간과 기말을 합쳐도 수학 점수가 80점을 넘기지 못했지만 중학교를 졸업할 때는 누구보다 성실한 아이로 성장했다. 10분 집중력은 변함없지만 10분씩 모아모아 2시간을 너끈히 채워내는 아이로 변모했다. (내가 제주를 떠난 2025년, 승진이는 특성화고에 진학해 고1 첫 중간고사에서 수학을 100점 받았다. 다른 3명과 공동 1등이다.)

연로하신 양가 부모님을 더 자주 뵙고 보살피기 위해 2025년 서울로 이주했다. 역시나 지인들이 먼저 설레발이다. 자기들 아이, 조카, 친구 아이들까지 봐달라고 성화다. 어떤 아이들을 가르쳐볼까 고민하는 내게 아내가 웃으며 툭 던진다.

"여보는 사춘기 남학생 전문이잖아."
"부인, 악담하지 마시오."

새벽에 잠이 깨어 뒤척이는데 북한산 위로 반달이 훤하다. 아내 말이 귀에서 맴돌고 아주 오래 전 강남 엄마들이 했던 말이 떠오른다.

"선생님, 이 한약 좀 가지고 계시다가 우리 애한테 하나씩 먹여주세요. 제 말은 절대 안 듣지만 선생님 말은 잘 듣잖아요."
"선생님, 제발 우리 애 좀 키워주세요. 저는 일주일에 한 번만 볼게요. 아니 그냥 살아 있다는 소식만 주시면 돼요."

다시 돌아온 서울, 어떤 아이들과 만나게 될까. 걱정과 흥분이 교차한다.
1994년 김일성이 죽어 육해공 전군에 비상이 걸렸던 그 뜨거운 여름밤에도 나는 대장 딸들에게 수학과 영어를 가르치고 있었으니 군백기 없이 꽉 찬 30년을 아이들과 함께했다. 국영수는 핑계고 인생을 가르치려 노력했다. 하지만 지금에 와서 보니 인생을 배운 건 나 역시 마찬가지였다.
이 책은 공부 잘하는 법만을 알려주는 매뉴얼이 아니다. 아이들과 동행하며, 아이들보다 더 울고 덜 웃으며 아이들 영혼에 접근하고자 했던 30년 노력의 결과물이자, 사소하지만 결정적인 공부 핵심을 품은 안내서다. 특히 아이가 다음 항목에 하나라도 해당한다면 반드시 읽어보길 바란다.

① 요즘 아이들, 말은 청산유순데 문해력은 처참하다. 부모건 선생이건 말 자체를 안 듣기로 작정한 아이가, 많다.
② SNS만 들어가도 공부 정보가 끝없이 흘러나온다. 날고 긴다는 학원들이 서울에서 제주까지 방방곡곡 넘쳐난다. 일타강사 강의를 누워서도 똥 누면서도 들을 수 있는 세상이 됐다. 하지만 온갖 사교육 삼중사중 구사해도 '인 서울' 하기 녹녹찮다.
③ 수학 공부를 너무 이상하게 한다.
④ 영어 공부는 너무 많이 한다.
⑤ 국어 공부는 너무 안 한다.

빚을 내서라도 아이에게 사교육을 시켜줄 순 있지만 아이 영혼엔 한 발자국도 다가갈 수 없었던 부모들에게 이 책을 권한다.

조이엘

차례

CHAPTER1

운명을 깨고
서울대에 합격하다

"중위권이지만

꼭 스카이에 들어가고 싶어요."

"영어 독해 실력이

어느 지점에서

딱 멈췄어요."

이상한 아이

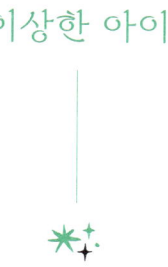

첫 수업이 하필 2002년 6월 4일 저녁이다. 한국과 폴란드가 부산에서 맞붙은, 이제는 단군 할아버지급 신화로 쇠락해 이름마저 까마득한 '한일 월드컵' 대한민국 첫 경기 말이다.

수컷끼리 첫 만남엔 '가오'가 생명이다. (가오는 '顔, かお, 얼굴'에서 유래했다. 한국에선 자존심, 체면, 허세, 이미지, 명예 등 다양한 의미로 사용하고 있지만 아직까진 속어다.)

"월드컵이 우리랑 무슨 상관이냐."

'아이, 선생님. 그래도 첫 게임인데 전반전만 보고 공부해요.' 이러면 기선 제압 성공이다. 못 이기는 척 거실로 나가 텔레비전 앞에 앉으면 이날 수업은 날로 먹는다. 그런데 이 녀석.

"예, 선생님. 공부해요."

어디 아픈가?
그렇게 고2 동규와의 첫날이 희한하게 출발했다.

모의고사 50% 폭등, 비트코인이냐?

동규 가족은 김포시 끝자락, 강화도를 지척에 둔 동네에서 대대로 살아왔다. 토박이답게 할아버지는 대지주였고 부모님은 서울에서 대학을 졸업하고 고향으로 돌아와 조그만 가게를 운영하는, '선량한 사람' 인증서가 얼굴에서 묻어나는 보통 분들이었다.

동규는 중학교를 전교 1등으로 끝냈고, 고등학교 2학년 1학기 중간고사까지 이과 전교 2등을 유지하고 있었다. 그 정도면 '인 서울' 턱걸이가 가능한 정도라고 했다.

전교 2등인데 '스카이'도 아니고, '서성한'도 아니고, 인 서울? ('인 서울'은 서울 시내 4년제 대학교에 들어갔다는 말이다. 스카이는 서울대, 연세대, 고려대를 합친 말이다. 서성한은 서강대, 성균관대, 한양대다.)

인문계 고등학교가 아니라 종고(종합고등학교)라서 그렇다. 이과, 문과, 농고, 공고, 상고가 한데 뭉친 학교라고 했다.

이해한다. 나도 처음 봤다.

2002년 당시 수능은 400점 만점이었다. 나와 공부를 시작하고 2주 후, 동규는 6월 모의고사에서 268점을 받았다. 대충 그게 자기 실력이라는 말이다.

2003년 고3 마지막 모의고사에선 390점을 찍었다. 비트코인도 아닌데 50퍼센트나 폭등했다. 수능도 비슷한 점수를 받았고, 04학번으로 서울대에 합격해 내 후배가 되었다.

도대체 1년 반 동안 무슨 일이 벌어진 걸까?

김포 과외왕 때문에 시작된 인연

동규 엄마가 길에서 중학교 때 동규 담임 선생님과 마주쳤다. 김포 시내 큰 학원을 다니고 있다는 말에 화들짝 놀란 선생님, 빨리 좋은 과외 선생님을 찾아보라 채근한다.

그 동네엔 유능한 과외 선생이 없어 건너고 건너고 몇 번 건

너서 당시 대학원에 다니고 있던 후배 성재와 연결되었다.

"형이 꼭 해줘야 할 과외가 있어."

그때 나는 교육콘텐츠 기업 파레시아매스(수학문제은행)를 막 창업한 CEO 겸 개발자였다. 내가 개발한 영어독해법을 특허로 출원하고 학습지로 만들려고 관계자를 만나는 중이었고, 내 고등학교 때 공부법을 업그레이드한 수능 국어 데이터베이스도 만들고 있었다.

새벽 5시에 일어나 종종거려도 시간이 모자랐다. 하고 있던 과외도 줄여야 할 판인데 후배 녀석, 읍소와 협박을 번갈아 시전한다.

"형, 내가 김포 시내와 검단에서 되게 유명해져서 동규 동네까지 소문이 났나 봐. 거치고 거쳐 동규 엄마가 연락한 거야. 근데 나는 문과라 이과 수학을 못 가르치잖아."

그때는 그랬다. 공간도형, 벡터, 초월함수의 미적분 등 이과만 배우는 무시무시한 파트가 많았다. 행렬과 삼각함수도 이과 파트는 문과 수학과 비교할 수 없이 어려웠다. 그러니 문과 출신이라 이과 학생은 안 받는다고 하면 끝날 일이었다. 하지만 후배 생각은 달랐다.

"남 말하기 좋아하는 사람들이 헛소문을 낼 수 있어. 실력 없어 못 가르친다. 가짜 서울대다. 소문이 원래 그렇잖아."

만약 과외 거부한 게 와전돼 엄마들 사이에서 퍼지면 '김포 과외왕' 자리에서 밀려날 수 있고, 그것 때문에 돈이 모자라 유학을 못 가게 되면 평생 옆에 달라붙어 나를 괴롭히겠단다. 협박하는 게 귀엽기도 하고 워낙 아끼는 동생이라 들어주기로 했다. (성재는 현재 연세대 교수다.)

그렇게 동규와 나는 우연에 우연이 여러 번 겹쳐, 어지간하면 죽을 때까지 한 번도 마주치지 않았을 운명을 깨고 서로에게 필연이 된다.

어쩌면 모든 우연 속에는 필연의 실마리가 숨어 있을지도 모르겠다. 그걸 필연으로 만드는 건 우리 노력이겠지.

어떻게 책상 밖 생활을 최적화할 것인가?

오후 5시부터 과외를 시작했기에 항상 수업 중간에 저녁을 먹었다. 지근거리에 사시는 동규 할아버지가 자손들 먹이려고 논밭에서 직접 키운 작물들이 푸짐하게 올라오는 유기농 식탁이다. 사무실 겸 숙소로 사용하던 오피스텔 건물 1, 2층 식당가 음식으로 생명을 유지하던 내겐 일주일에 두 번 갖는 집밥 찬스이자 힐링 타임이었다.

늦게 귀가하는 아버지를 제외한 동규 엄마, 초3 여동생, 동규와 함께하는 저녁 식탁은 동규가 묻고 내가 답하는 청문회이자 때론 선문답이었다.

"선생님은 고등학생 때 일요일에 뭐 하셨어요?"

"산에 가서 도道 닦았다."

진짜 그랬다. 일요일만 되면 가방 메고 산꼭대기로 올라갔다. 열등감과 고뇌, 10대의 방황을 잔뜩 짊어지고 말이다. 하루 종일 책 읽고 사색하고 풍경을 즐기다 저녁 무렵 내려왔다. 고2 때 1년을 그렇게 살았다.

몇 주나 흘렀을까. 식사 도중 동규 엄마가 말한다. 동규도 일요일에 산에 가기 시작했다고. 헐, 도서관에서 밤을 샜다고 했어야 했나.

어느 날 저녁 식탁. 동규에게 집에서 학교까지 걸어가면 20분쯤 걸리냐 물으니 멋쩍게 웃는다. 아침저녁으로 엄마가 픽업해준단다.

"야 이 녀석아. 그 정도는 걸어 다녀야지. 고3 되면 체력 싸움이야. 게다가 영어 단어는 시간 내서 외우면 낭비야. 자투리 시간에, 특히 걸어 다니면서 외우는 거야."

과외하러 조금 일찍 출발한 날, 동규 학교 앞을 지나쳐 가는데 학생들이 드문드문 걸어간다. 그중에 사람처럼 걸어가는 곰, 닮은 아이, 동규다. 손엔 조그만 노트를 쥐고 있다. 대충 봐도 단어장이다.

또 어느 과외 날, 하필 추석이다. 시간이 애매해서 아예 점심을 일찍 먹고 1시에 동규 집으로 갔다. 한참 수학 문제를 푸는데 동규가 불쑥 묻는다.

"선생님 부침개 드실래요?"

"아니, 점심 먹고 왔어."

10분이나 지났나, 동규가 또 말한다.

"선생님, 잡채 드실래요?"

짜증이 올라와 한소리했다. 집중하자. 배고파?

며칠 후 저녁 식사, 동규가 화장실에 가자 동규 엄마가 나지막이 말한다. 추석날 할아버지 댁에서 차례를 끝내자마자 동규가 1시까지 공부하러 가야 한다고 전이랑 잡채를 싸달라고 엄마를 재촉했단다. 언젠가 식탁에서 흘러가듯 말했나 보다. 내 최애 음식이 전과 잡채라고.

그런 아이에게 짜증을 냈으니 20년이 지난 지금도 부끄럽다. 미안하다. 그리고 감동이다. 동규는 밥 먹으면서 흘러다니는 농담 한마디도 허투루 듣지 않았다. 해롭지 않겠다는 판단이 서면 무조건 따라 했다. 시키지도 않았는데 그렇게 했다.

공부는 책상에서 반, 책상 밖에서 반이다. 자투리 시간을 활용하는 요령에서 휴대폰 사용 시간까지, 기상 후 비몽사몽 상태를 신속히 해결하는 방법에서 주말을 보내는 태도까지 인간관계는 물론 밥 먹는 양조차 공부에 미세하게 영향을 준다. 이런 디테일을 최적화할 수 있다면 공부로 성공할 확률이 확 올라간다.

어떻게 '책상 밖 생활'을 최적화할 것인가?

공부로 먼저 성공해본 사람들 중 믿을 만한 사람을 따라 하는 게 최선이다. 모방 수준으로 따라 한다. 공부는 물론 쉬는 방식과 취향까지도 따라 하겠다는 자세로, 성공한 사람의 '책상 밖 생활'을 배워서學 익힌다習. 합치면 '학습'이다.

학습 다음에는 자립自立이 따라붙어야 한다

건강하고 굳건하게 '책상 밖 습관'을 형성했다면 내게 맞게 응용해야 한다는 뜻이다. 내 단점을 메꾸고 장점을 부양할 수 있는, 나만의 버전自으로 독립立해야 한다.

자립 단계 없이 모방에서 머무른다면 독립된 인격체가 아니라 좀비다. 그러면 공부도 어느 수준 이상을 넘어설 수 없다. 스승을 능가하는 제자, 청출어람青出於藍. 스승의 바람이자 자부심이다.

동규는 걸어서 학교를 오가는 왕복 40분 동안 영어 단어를 외웠다. 나중에는 사회 과목들도 걸어 다니면서 암기한다. 나보다 높은 경지, 확실히 난 놈이군.

나와 달리 동규는 주말 산행은 반 년 이상 지속하지 못했다. 산꼭대기에서 내려다보는 풍경에 매번 경외감을 느끼는 나와 달리 동규는 무덤덤했다. 등산은 그냥 고된 노동일 뿐. 동규는 오전에 친구들과 농구를 한 뒤, 도서관에서 고행苦行하는 것으로 일요일 오후 루틴을 만들었다. 응용 성공!

처음부터 농구를 했으면 시행착오를 줄일 수 있지 않았을까?

그럴 수도 있지. 하지만 내 경험에 동화하기 전 동규의 일요일은 하루 종일 뒹굴뒹굴이었다. 내 루틴에 도전을 받았기에 시행과 착오를 여러 번 통과하며 제 루틴을 만들 수 있었다. 동규가 걸어 통학하면서 사회 개념까지 외울 수 있었던 것은, 영어 단어를 외우면서 획득한 성공 느낌이 촉매제였다. 처음부터 사회 개념을 외우려고 했다면 아마 금방 포기했을 터.

순서를 잊지 말자. 모방이 먼저, 그 다음이 응용과 자립이다.

서울대 가고 싶어요!

한 번에 3시간, 주 2회, 두 달쯤 지켜보니 동규 공부 능력이 확실히 눈에 들어온다.

동규는 전형적인 시골 모범생이었다. 주어진 건 다 해내는 성실한 아이. 하지만 '주어진 것'의 양과 질이 얕아 크게 자랄 수 없는, 지근거리 롤모델만 있으면 한계를 극복할 수 있는 아이였다.

'내가 롤모델이 되어줘야겠군.'

인문학 전공자에게 외국어는 필수도구이면서 무기다. 다른 대학은 영어와 제2외국어 하나 정도면 학부 과정을 이수하는데 충분하다 들었다. 서울대 인문대는 다르다. 공부 좀 한다고

하면 영어는 기본이고 독일어, 불어, 한문을 기본 사양으로 깐다. 대학원생 말고 학부생 말이다. (90년대 이야기다.)

여기에 알파를 추가하는 괴물들이 있다. 서양철학이 주전공인 A선배는 희랍어(고대 그리스어)와 라틴어를 추가했고, 주전공이 종교학인 B선배는 라틴어에 일본어를 얹었다. C선배는 기본 사양(영어, 독일어, 불어, 한문)만 장착했지만 독일어와 불어 회화는 원어민 수준까지 마스터했다.

"선배들이 하니까 나도 허덕허덕 따라갔고 어쩌다 보니 그리스어, 라틴어, 독일어, 불어, 한문까지 하게 됐어. 선배들만큼 정통하진 못했지만 사전 들고 플라톤(희랍어), 세네카(라틴어), 하이데거(독일어), 샤르트르(불어), 노자(한문) 텍스트를 떠듬떠듬 읽을 정도는 됐지.

기본 사양이 이 정도면 전공 실력은 어떻겠어? 사상과 문화는 언어를 통해 형성돼. 다른 언어를 배운다는 건, 또 다른 세계를 내 속에 품는 일이지. 우리의 인식과 존재는 그런 방식으로도 확장될 수 있단다.

서울대 가면 좋은 점? 참 많아. 그 중 뭐가 제일일까? 나보다 뛰어난 선배 후배 친구를 떼거지로 만날 수 있어. 폴더 인사가 저절로 작동하는 교수님이 사방에서 출몰해. 게임보다 재밌고 SF영화보다 현란한 지적 향연이 4년 내내 내 것이 돼."

"선생님, 저도 서울대 가고 싶어요. 생명공학을 전공하고 싶어요."

지금 성적으론 택도 없는 소리다. 하지만 이 아이는 할 수 있을 것 같다. 해주고 싶다. 그러려면 특별한 방법이 필요하다.

공간도형 능력은 유전자에 달렸다

공간도형은 대한민국 아이들을 세 부류로 나눈다. 앞뒤 사정 재지 않고 제 마음대로, 폭력적으로.

- 배우고 익혀서 힘들게 푸는 아이(추리)
- 딱 보면 저절로 풀리는 아이(직관)
- 포기하는 아이

2020년대 기준으로 중고등학교 수학의 대부분 파트는 추리가 직관을 따라잡을 수 있다. 노력(추리)이 재능(직관)을 커버할 수 있는 참 아름다운 세상.

공간도형은 안 된다. 산을 옮기는 노력으로도 재능은 이길 수 없다. 더러운 세상이라 욕해도 할 수 없다.

어떤 아이가 '공간도형 능력'을 타고났을까? 간단히 테스트해볼 수 있는 세 가지가 있다. (지능 분류상으론 '공간 지각력'이 있지만 그것과는 결이 약간 달라서 '공간도형 능력'이라고 임의로 이름 붙였다.)

① 원뿔을 어떻게 자르면 절단면이 이등변 삼각형, 원, 타원, 포물선, 쌍곡선이 될까?
② 전개도를 보면서 직육면체가 되면 서로 평행하게 될 모서리를 모두 찾아라.
③ 2D 말고 3D 테트리스

별다른 노력 없이, 추리 과정 없이 몇 초 안에 이런 걸 딱딱 해결하는 아이들이 있다. 공간도형 능력을 타고난 금수저다. 이런 아이들이 노력까지 첨가하면? 말해 뭐하겠는가!

오케이, 재수 없지만 인정. 반대로 가보자. 공간도형 능력이 부족한 아이가 이과 수학을 선택하면 어떻게 될까?

고생 고생 X고생이다. 고생 끝에 낙이라도 오면 살맛 나는 세상이지만 글쎄올시다.

사정이 이래서 2000년대 초반까진 공간도형 파트가 문과행이냐 이과행이냐를 결정하는 기준점 중 하나였다. (옛날이야기니 안심하시라. 요즘엔 공간도형 능력을 요구하는 파트가 상당 부분 교과과정

밖으로 쫓겨났으니.)

동규의 수학數學 지능은 세부 분야에 따라 보통이거나 보통에서 살짝 높은 상태였다. 특이한 건 공간도형 능력이 '발군拔群(특별히 뛰어남)'이다. 없는 거나 마찬가지인 나와는 비교할 수 없이 좋았다. 그런데 동규 수학 점수는 왜 그 모양이었을까?

수학 못하는 비결

동규가 수학 문제 푸는 걸 CT 찍듯 낱낱이 스캔했다. 그리고 발견했다! 아이큐건 수학 점수건 전국 상위 0.1%는 수학을 눈으로 푼다. 연필은 그저 거들 뿐, 보면, 풀린다. 내 주위에도 한 명 있다. 보면 풀리는 꼴을 보고 있는 내 꼴을 보면 기분이란 게 대단히 나빠진다.

눈으로 수학을 푸는 또 다른 부류가 있다. 수학 못하는 아이들. 30년 전이나 지금이나, 서울이나 제주도나 수학 못하는 아이들은 하나 같이 수학을 반쯤 눈으로 푼다. 시공간을 초월하는 영적 원리라도 있나 보다. 저 정도면 샤프심 아껴서 햄버거도 사 먹겠다는 의심이 들 정도로 지독하게 눈으로 푼다. 눈으로 푸니까 수학을 못한다.

서울대 가는 아이, 수학 잘하는 아이는 어떻게 풀까?

손으로 푼다. 일단 손으로 풀면 기억에 오래 남는다. 세밀하게 쓸수록 더 오래간다. 수학은 이해 과목도 아니고 암기 과목도 아니다. 고난도 문제는 한 방에 완성되지 않는다. 이해하고 암기하고 잊히고, 이해하고 암기하고 잊히고, 이게 여러 세트 반복해야 비로소 내 개념이 되고 완전한 내 것이 된다. (281쪽 '서울대 합격 비법' 참고.)

여러 이유로 머릿속이 몽롱할 때, 오늘은 수학이 아닌가벼, 외치고 다른 과목으로 넘어가거나 다른 단계(게임, 핸드폰 등)로 이동한다. 그러지 마시길. 풀이를 보면서 손으로 베껴 써나가야 한다. 필사하는 수준으로 계속 써봐야 한다. 왜 그럴까?

풀이를 계속 손으로 쓰다 보면 놀라운 일이 생긴다. 머릿속을 가득 채웠던 희미한 수증기가 서서히 사라지고, 아메리카노를 다섯 잔은 원샷 한 듯 뇌세포가 또렷이 살아난다. 몸에 전혀 지장 없는 천연 각성제다.

중위권 중에서 눈으로 푸는 아이들 연습장을 보면 각자 다른 듯 비슷하다. 풀이집 답안이 열 줄이면 제 맘대로 대여섯 줄로 끝낸다.

중간 난이도 문제는 그럴 수도 있다. 하지만 어렵고 복잡한 문제를 만나면 풀이가 산으로 들로 제 맘대로 날뛴다. 눈으로 풀다 길을 잃어 그렇다. 기록이 부실하니 어디서부터 길을 잃었는지 복기하기도 힘들다. 처음부터 다시 풀어야 한다. 이런 일이 잦아지면 그게 차곡차곡 수학 점수를 갉아먹는다.

상위권이라고 어떻게 아는 문제만 만나겠는가? 쓰면서 풀다 보면 어느 순간, 쎄한 느낌이 올 때가 있다. 멈추고 풀이집을 보면 영락없이 그 부분에서 틀렸다. 이게 시험장에서 위력을 발휘한다. 느낌이 쎄할 때 재빨리 돌아가서 다시 푸니 틀린 상태로 끝까지 가는 것보다 시간을 절약할 수 있다.

이 경지에 이르는 단 한 가지 비결, 수학 문제는 손으로 푼다. 검지와 중지에 알이 배일 정도로, 날리는 샤프심 가루로 호흡이 곤란하다 착각이 들 정도로 손으로 푼다. 첨언하자면 내 경험담이다.

수학은 자전거 타기와 비슷하지 싶다. 관광지에 갔다가 십수 년 만에 자전거에 올랐다. 탈 수 있을까 싶었는데, 핸들을 잡고 페달을 밟으니 넘어지지 않고 쑥쑥 앞으로 나간다. 뇌는 그를 잊었지만 손과 발이 그를 기억하고 있었다. 기특한 것.

수학도 그렇다. 손이 기억한다. 어쩌면 수학은 운전처럼 동작 기억일 수도 있겠다. 동규는 어땠을까?

노력에 합당한 성적이 안 나오는 아이들은 키도 다르고 생김새도 다르고 무엇 하나 공통점이 없지만 '반쯤 눈으로 푼다'는 공통점 하나로 서울에서 제주까지 대동단결한다. 동규 역시 그 그룹 주요 멤버였다.

“동규야, 샘은 지금도 손으로 풀어. 암산도 안 해.”

내가 준 처방전은 그동안 공부해왔던 것과 정반대였다.

“지금보다 느리게, 차근차근, 빠짐없이, 풀이 과정을 심하다 싶을 정도로 세밀하게 채워. 네 생각도 짧게 써봐. 동생한테 설명해준다는 자세로 (속으로) 말하면서 풀어봐.”

그 순한 동규가 반박한다.

“선생님, 그러면 시간 안에 다 못 풀어요.”

“맞아. 못 풀지. 하지만 1년쯤 후면 시간 안에 다 풀게 될 거야. 만약 네가 하던 대로 계속하면 수능 때도 시간 안에 다 못 풀어. 실력을 키워서 시간을 줄이는 건 정파正派, 시간을 줄이기 위해 기교를 부리는 건 사파邪派, 선택은 네 자유다.”

동규는 내 뜻을 이해했고 시킨 그대로 했다.

약과 독은 한 끗 차이다

동규는 수학 풀이 습관이 교정되고 아는 건 다 맞추는 단계가 되면서 2학년을 끝냈다. 다른 결점은 없다. 이제 수준만 높이면 된다. 겨울방학 두 달이 동규에겐 최상위권으로 점프할 수 있는 마지막 찬스다.

시중에 있는 8절 모의고사를 거의 다 구입해 매일 2회씩, 120회를 풀자고 합의했다. 말은 쉽지만 토 나오는 일이다. 과연 동규가 해낼 수 있을까?

2002년 당시엔 고2 겨울방학에 모의고사 문제를 이 정도로 푸는 아이가 드물었다. 나조차 큰 기대는 안 했다. 그럼에도 동규는 해냈다.

모의고사 몇 개 틀리고 말고 문제가 아니다. 한 번도 도달하지 못했던 지점, 본인의 한계를 깼다는 승리 경험이 고3 내내 자신감으로 다른 과목에도 작동했다.

양치기 학습법, 과연 효과가 있을까?

'왜 방학만 그렇게 해? 학기 중에도 그렇게 무지막지하게 풀면 되겠네'라는 말이 나올 수도 있겠다. 양으로 욱여넣는다고 해서 '양치기'라 부른다. 실제 양치기로 승부하는 학원이 많다. 효과가 있을까?

수학이 재미있고 수학 재능도 뛰어난 극소수 아이에겐 효과 있다. 하지만 이 아이들은 양치기 안 해도 수학 100점 받을 아이들이다.

중상위권이나 상위권에게 양치기는 특히 나쁜 전략이다. 왜 그럴까?

수학은 심리적으로도 실질적으로도 최고 중요 과목이다. 본능적으로 '과도하게' 시간을 쏟아부을 수밖에 없다. 적절한 공부 시간을 배분해주지 않으면 국어와 과학 등 다른 중요 과목이 무너진다.

양치기에 시달리는 아이들 상당수는, 숙제 폭격에 휘청거리는 아이들은 갈수록 수학을 힘들어하고 꺼려 한다. 자존감이든 자신감이든 다 떨어진다. 괄괄한 아이들은 학원을 때려치우기라도 하지, 소심하고 착한 아이들이 문제다. 거부할 수 없는 양치기의 압박이, 유형무형의 압박이 고스란히 스트레스가 되어 가족을 향하거나 자기 내면을 갉아먹는다. 이게 양치기의 가장 나쁜 점이다.

양치기는 아이 상태를 정밀하게 판단해서 제한된 시간, 특별한 기간에만 사용하면 약이 된다. 약을 많이 쓰면 독毒이 되고, 독도 적게 쓰면 약이 될 수 있다. 약과 독은 한 끗 차이다.

번역 말고 독해를 하자

동규의 영어 실력은 명쾌했다. 두 번도 볼 것 없이 단박에 문제점을 발견했다.

성실한 아이답게 동규는 영어 내신도 잘 받았다. 고등학교 1학년 1학기 중간고사부터 2학년 1학기 중간고사까지 2개 이상 틀린 경우는 한 번밖에 없었다. 나머지는 만점이거나 하나 틀리는 정도였다.

모의고사는 달랐다. 2등급과 3등급을 오락가락했다. 한 번도 1등급을 찍지 못했다. 늘 시간이 모자란다고 했다. 뭐가 문제였을까? (이해가 쉽도록 요즘 기준으로 환산했다. 당시 수능 영어 만점은 80점이었고 지금처럼 절대평가도 아니었다. 원점수와 등급이 같이 기재되었다.)

영어 문제를 풀면서 동규는 '독해'가 아니라 '번역'을 했다.

영어 문장이 말하고자 하는 바를 이해하는 게 독해라면 그걸 우리말 어순으로 바꾸는 게 번역이다.

그건 알겠고, 번역이 뭐 어때서?

수능은 시간 싸움인데 번역은 시간 잡아먹기 귀신이다. 2024년 수능 영어 20번 문제를 보자.

Values alone do not create and build culture.

가치만으로는 문화를 만들고 건설할 수 없다.

Changing values into behaviors is only half the battle.

가치를 행동으로 바꾸는 것은 전투의 절반에 불과하다.

이 정도 문장이라면 독해든 번역이든 걸리는 시간이 비슷하다. 문제는 그 다음 줄이다.

Certainly, this is a step in the right direction, but those behaviors must then be shared and distributed widely throughout the organization, along with a clear and concise description of what is expected.

'성실한' 중위권 아이들 머릿속에선 이런 일이 벌어진다.

물론. 이것은. 한 걸음이다. 올바른 방향. 이것은 올바른 방향으로 내딛는 한 걸음이다. 그러나 그런 행동들은. -해야 한다. 그다음에. 공유되어진다. 공유되어져야 한다. 공유되어지고 퍼뜨려져야 한다. 널리. 조직 전체에. 그다음에 조직 전체에 널리 공유되고 퍼뜨려져야 한다. -와 함께. 명확하고 간결한 설명과 함께. 기대되는 것에 대한 명확하고 간결한 설명과 함께.

영어 어순과 한국어 어순이 다른데, 굳이 영어를 한국어 어순으로 바꾸며 시간을 잡아먹는다. 아래와 같이 보이는 족족 바로 해석해야 시간 지연이 없다.

(Certainly), this is a step (in the right direction), but those behaviors must (then) be shared and distributed (widely) (throughout the organization), (along with a clear and concise description) (of what is expected).

물론. 이것은 한 걸음이다. 올바른 방향을 향한. 그러나. 그런 행동들은. 공유되어져야 한다. 그리고 퍼져야 한다. 널리. 조직 전체에. 함께. 명확하고 간결한 설명과 함께. 기대되어지는 것의.

(물론 이것은 올바른 방향으로 내딛는 한 걸음이지만 그런 행동들은 그 다음에 기대되는 것에 대한 명확하고 간결한 설명과 함께 조직 전체에 널리 공유되고 퍼뜨려져야 한다.)

이렇게만 해도 뜻은 통한다. 영어 어순 그대로 머리에 집어넣으면 뇌가 저절로 한국어 어순으로 정리해준다. 그게 독해다. 외국인이 더듬더듬 한국어로 뒤죽박죽 말해도 웬만하면 우리가 알아들을 수 있는 이유다.

계속해서 그다음 문장이다. 조금 더 복잡하다.

Just like a sports team had a playbook with specific plays designed to help them perform well and win, your company should have a playbook with the key shifts needed to transform your culture into action and turn your values into winning behaviors.

이걸 초벌 해석하고 우리말 어순으로 바꿔서 이해하면 시간이 죽죽 늘어진다. 중위권 학생들이 영어 모의고사 지문을 시간 내에 다 못 보는 이유다. 부족한 건 시간이 아니라 독해 기술인데 애꿎은 시간만 탓한다.

Just like a sports team had a playbook (with specific plays) [designed to help them perform (well) and win], your company should have a playbook (with the key shifts) [needed to transform your culture (into action) and turn your values (into winning behaviors)].

-과 마찬가지로. 스포츠팀이 가졌다. 플레이 북을. 특정한 플레

이를 담은. (그것은) 디자인되었다. 돕도록. 그들이. 수행하도록. 잘. 그리고. 이기도록. / 여러분의 회사는 가지고 있어야 한다. 플레이 북을. 핵심적인 변화를 담은. (그것은) 필요하다. 바꾸는 데. 여러분의 문화를. 행동으로. 그리고 바꾸는데, 여러분의 가치를. 승리하는 행동으로.

(스포츠팀이 좋은 성과를 내고 이기는 데 도움이 되도록 고안된 특정 플레이를 담고 있는 플레이 북을 가지고 있는 것과 마찬가지로, 여러분의 회사는 여러분의 문화를 행동으로 바꾸고 여러분의 가치를 승리하는 행동으로 바꾸는 데 필요한 핵심적인 변화를 담은 플레이 북을 가지고 있어야 한다.)

이렇게 영어 어순 그대로 이해하는 걸 '직독직해'라고 한다. 미국 대통령 취임식을 실시간 통역하던 동시통역을 생각해도 되겠다. 처음엔 어색해도 조금만 연습하면 미국인과 거의 비슷한 속도로 영어 문장을 이해할 수 있다.

'번역하려는 머릿속 습관'은 시간 지연뿐만 아니라 문해력도 떨어뜨린다. 단어가 까다롭고 삽입절이 많아 문장도 복잡한데 내용까지 어려운 최고난도 지문을 만나면 한국어 어순으로 바꾸는 과정에서 앞 구절 내용을 잊어버린다.

설마 그러겠어, 싶지만 중위권 아이들에겐 늘 있는 일이다. 상위권 아이들 중 독해가 어느 수준에서 더 이상 늘지 않는 아이도 이런 경우라 할 수 있다. 다음은 고3이 보는 영어 모의고사에서 어려운 축에 드는 지문이다. 영어는 빼고 한국어 번역문만 옮겼다. 어떤가?

1) 서구 실존주의 심리학의 이론적 관점은 개인의 취약점을 순전히 받아들이고 피할 수 없는 죽음에 직면하며 모든 인간은 물론 나 역시 죽는다는 잠재적 현실을 경험하는 것이 우리가 자아감을 경험하는 방식에서 근본적인 가치를 포함하는 변모의 과정으로 이어진다는 것을 보여준다.

2) 동서양을 막론하고 인류 대부분의 역사에서 인간이 올려다본 하늘에서 관측한 것에 둔 중요성의 크기는 그들이 보고 있었던 것의 실제 특성에 관한, 그리고 하늘의 패턴이 그들의 관심사에 행사한 실제적인 일련의 영향에 관한 그들의 무지의 크기에 완전히 필적했다.

한국어 자체가 어렵다. 그런데 이게 영어로 쓰여 있다. 단어를 다 알아도, 문법에 빠삭해도 직독직해가 아니면 이해하기 힘든 지문들이다. 한국어 어순으로 바꿔 이해하려다 내용 자체를 잊어버린다.

동규는 문제점이 명확하니 해결법도 간단했다. 같이 독해하면서 계속 지적질하기.

"또또 눈이 자꾸 뒤로 간다."

"앞에서부터 차례대로 해석."

"전치사구나 부사는 괄호 쳐."

"번역이 아니라 독해!"

옆에 딱 달라붙어서 이 네 문장만 몇 개월 반복했다. 어땠을까?

동규는 반년쯤 지난 12월 사설 모의고사에서 드디어, 모든 문항을 다 풀고 찝찝한 부분 한 번 더 봐도 시간이 남을 정도로 독해 속도가 빨라졌다. 속도만 빨라진 게 아니라 정확도도 올랐다. 수학과 국어에 올인한 겨울방학 2개월 동안은 하루 딱 40분만 영어 공부에 할애했다. 고3 첫 모의고사에서 동규 영어 점수는 어땠을까?

1개 틀렸다. 확신을 얻은 우린 영어 공부 시간을 더 줄여 수학과 국어에 투입했다. 그래도 모의고사에서 영어는 늘 1개만 틀리거나 만점을 유지했다. 2004년 수능에서 동규는 영어를 다 맞췄다.

- 코피가 날 정도로 열심인 건 아니지만 그래도 성실한 편이다.
- 사교육도 꾸준히 받는다.
- 내신도 그럭저럭 봐줄 만하다.

- 하지만 모의고사 점수가 내신보다 많이 떨어진다.

이러면 동규와 같은 유형이다. 모의고사 점수가 어느 선에서 딱 멈춰, 박스권을 왔다갔다 하는 상위권 역시 마찬가지다. 예나 지금이나 번역의 덫에 걸린 아이들이다.

번역은 영어뿐만 아니라 한국어에도 능통해야 하는 고도의 지적 '노동'이다. 게다가 요즘 번역은 인간보다 AI가 훨씬 잘한다.

힘든 건 기계에 맡기고 영어라도 편하게 공부하자. 플리즈.

서울대 합격은
국어가 결정한다

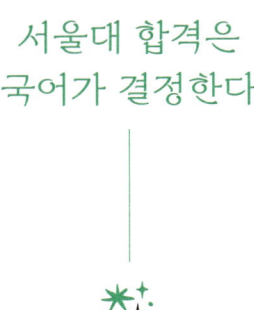

20년 전이나 지금이나 서울대 합격은 국어가 결정한다. 오해를 무릅쓰고 과장해서 말하면 수학과 영어는 변별력이 거의 없다. 왜 그럴까?

서울대 합격자는 수학과 영어를 거의 만점 받고 들어가니까. 이놈 저놈 다 만점이니 변별력이 없을 수밖에.

국어는 차이가 심했다. 수능 국어 만점이 120점인데 110점 이상이면 서울대 합격권이다. 동규는 모의고사에서 80점과 90점 사이를 왔다갔다했다. 문학과 고전은 그럭저럭인데 비문학이 지뢰밭이다. 문해력이 약할 때 딱 이 증상이다.

지금까지 어떤 책을 읽어 왔냐고 동규에게 물었더니 큰 아파트에 어울리지 않게 부실한 책장을 가리키며 씩 웃는다. 중학생을 위한 ○○○시리즈, △△△가 알려주는 과학 법칙, 역사 만화, 멘사 퍼즐, 고등학교 필수 도서 요약본.

문해력보다는 정보에 방점傍點을 둔 독서를 하고 있었다. 게다가 수준이 낮다. 서울대 가기에는 많이 낮다. 이 난국을 어떻게 타개해야 할까?

고등학교 2학년이니 책 전체를 통독하면서 가기는 늦었다. 내가 읽은 교양서에서 '피가 되고 살이 되는' 챕터를 복사해 매일 30분씩 읽을 수 있도록 자료를 만들어줬다. 분야는 수능 비문학 범위보다 훨씬 넓게. 철학부터 역사학, 언어학, 미학, 인지과학, 심리학, 생물학, 우주론, 인류학, 정치, 경제, 사회, 문화까지.

그렇게 수능 전날까지 읽혔다. 문학은 내 비장의 자료로 1년치 프로그램을 돌렸다. 왜 비장의 자료냐면 거의 대부분 성적이 올랐기 때문이다. (325쪽 '하나만 아는 사람은 아무것도 모르는 사람이다' 참조)

동규와 나는 인고忍苦의 겨울방학을 보냈다. 과외 1년이 되는 3학년 6월이 되자 국어 점수가 나도 놀랄 정도로 크게 오르기 시작했다.

학과 공부도 공부지만 내가 크게 신경 쓴 건 롤모델이었다. 주변에 마땅한 롤모델이 없으니 내가 그 역할을 하자.

"너는 새벽형이니 올빼미형이니?"
"나태한 올빼미형인데, 선생님은요?"
"새벽형 올빼미다."

당시 나는 12시에 잠들어 5시에 일어났고 점심 먹고 20분 정도 쪽잠을 잤다.

"그게 가능해요?"
"나는 가능했어. 고3 때도 그렇게 했고, 대학생 때도 그렇게 했으며, 서른이 넘은 지금까지 그렇게 살고 있어. 너도 한번 네 자신을 시험해봐."

몇 달을 시도했지만 동규는 아침잠을 이기지 못했다. 잠을 줄이니 집중력이 떨어진단다. 인정.

동규는 6시간 수면(1-7시)을 수능 때까지 유지했다. 수험생 치곤 수면 시간이 살짝 많다. 대신 깨어 있는 시간을 최대한

끌어모아 알뜰살뜰 사용하기로 했다.

- 공부하는 동시에 뇌를 쉬게 하는 방법
- 루틴 만드는 법
- 영어 단어 암기법
- 그림 자료 암기법
- 자기 최면
- 뇌 각성 비법

내가 가진 모든 잡기를 전수했다. 적용하고, 평가하고, 개선하고, 응용했다.

이렇게 말하니 대기업 전략기획실 같은 느낌인데, 우리는 그냥 동네 형동생이 쭈그리고 앉아 시시껄렁 잡담하듯 했다. 틈만 나면 반복했다. 왜 그랬을까?

가볍게 접근하면 넘어져도 큰 내상內傷 입지 않으니까. 실패해도 금방 툴툴 털고 일어날 수 있으니까. 반복해서 말해도 부담 갖지 않으니까.

그렇게 가랑비에 젖은 옷처럼 동규는 내 잡기에 스며들었다.

운명을 바꾸다

2003년 11월, 수능 전날이었다.

"동규야, 샘은 한 번도 학생들 시험장에 따라간 적 없어."

단호하게 말했지만 수능날 새벽이 되니 심장이 까분다. 헬스장으로 향하던 차를 돌려 화정고로 갔다. 무슨 시스템인지 지금도 이해할 수 없지만 동규네 학교 아이들은 단체로 버스를 빌려 김포 시내까지 나와, 김포대교를 건너 고양 화정고로 가서 수능을 쳤다.

여튼 관광버스 하나가 화정고 정문 근처에 선다. 하나둘 낯선 얼굴 사이로 선하게 생긴 곰 한 마리, 동규가 내린다. 처음 봤다. 녀석이 긴장한 얼굴.

"동규야."

두리번거리다 사람들 사이에서 날 발견한 얼굴에 옅은 미소가 퍼진다. 별명이 '신라의 미소'인 경주 얼굴무늬 수막새처럼. 난 알지. 그 미소의 뜻을.

몇 달 후 동규는 내 후배, 서울대생이 되었다.

인생은 줄탁동시

줄탁동시啐啄同時라는 말이 있다. 병아리가 안에서 달걀을 쪼고啐 어미 닭은 밖에서 달걀을 쪼는데啄, 이게 시간과 초점이 기똥차게 맞아야同時 달걀은 깨지고 병아리는 세상으로 나온다.

구라다. 하지만 이야기로선 훌륭하다. 과학은 우리 삶을 구성하는 주요 성분이긴 하지만 전부는 아니니까.

우주는 단둘, 물질과 에너지로 구성된다고 과학은 말한다. 맞다. 그런데 삶은 다르다. 삶은 처음부터 끝까지 이야기로 채워지고 모든 아이는 자기만의 스토리가 있다.

어떤 선생님이 좋은 선생님일까? 연봉 100억 일타강사, 강의록까지 화제가 되는 50만 팔로워 인기 강사, 예능에도 출연하는 유쾌한 강사.

세상 모든 아이 성적을 마법처럼 올려줘도 내 아이 성적이 그대로면 노땡큐다. 아무도 몰랐던 내 아이 약점을 발견할 수 있는 선생님, 적절한 치료책을 제공할 수 있는 선생님, 그게 내 아이에겐 가장 좋은 선생님이고 귀인이다. 갑각류처럼 단단한 껍질 속을

꿰뚫어서, 기막힌 시간에 탁啄이 가능한 선생님 말이다.
그런 선생님은 증조할아버지 때부터 삼대가 덕을 쌓아야 현실에서 만날 수 있으니, 차선책으로 마련한 게 이 책이다. 강단에서 사자후를 발산하는 유명 강사가 아니라 아이 옆에 찰싹 붙어 단점과 고질병을 찾아내는 그림자로 살아왔던 30년이다. 마데카솔 사이즈에서 항암 수술 수준까지, 많은 아이들을 만났고 참 다양한 치료를 해왔다.
솔직하게 말하면 반쯤 성공했고 반쯤은 실패했다. 만약 아이가 동규처럼 줄啐로 이 책과 공명할 수 있다면 기적을 만들 수 있다. 기적까지는 아니더라도 폐쇄적 자아 속에 묻혀 있던 단점과 약점들을 발견할 수 있다면, 그 자체로 시간과 비용을 아낄 수 있는 터닝포인트가 될 것이다.
모든 참된 삶은 만남이다. 실물 영접이든 책을 통해서든.

CHAPTER2

전국 3000등 수재도 실패할 수 있다

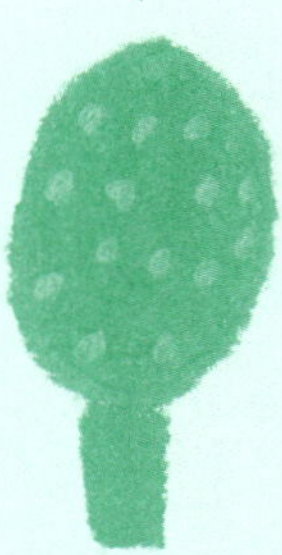

"중학교 땐 최상위권이었는데

고등학교 와서 내리막이에요.

주변에선 다들

공부 잘하는 줄 알고 있어요."

"과외, 학원, 인강까지 들어도

수학 점수가 제자리예요."

수학 1등급의 맹점

4월: 수학 1등급, 국어 1등급, 영어 1등급

6월: 수학 1등급, 국어 1등급, 영어 1등급

9월: 수학 1등급, 국어 1등급, 영어 1등급

이보다 더 좋을 수 없는 고등학교 1학년 모의고사 성적표다. 이 아이와 엄마는 얼마나 행복할까?

성적표 주인공은 부산에 사는 진희다. 1학년을 마무리해 가는 2001년 가을, 진희 엄마가 우리 회사(수학문제은행)로 전화를 걸어와 서비스를 신청했다. 최고난도 수학 문제와 풀이법을 받고 싶단다. 요즘 버전으로 하면 '킬러 문제' 정도 되겠다.

전화는 누구나 걸 수 있지만 서비스는 아무나 받을 수 없다.

서류 면접을 통과해야 한다. 4가지를 요청했다.

- 엄마가 쓴 내 아이 소개서
- 아이가 쓴 자기 소개서
- 양육 과정과 가정 환경 설명서
- 아이 성적표와 관련 서류

엄마가 보낸 소개서에 따르면 진희는 초등학교 때부터 부산 수영구에서 수재로 유명했단다. 아빠는 부산 모 사립대학 교수였고 엄마는 전업주부. 야구선수 이대호와 추신수가 진희에게 초등학교 선배라는 TMI도 있었다.

중학교 3년 내내 1등만 했던 진희는 부산 B외고에 장학금을 받고 입학했다. 입학 당시 전국 등수 추정치가 3000등 내외였으니 천재지변만 잘 피하면 서울대는 무조건 간다. 엄마 희망은 서울대 법대라고 했다. 그러려면 전국 500등까지 성적을 올려야 했고, 그래서 우리 서비스를 신청한다고 했다.

수영구가 낳은 수재 진희는 서울대 법대에 들어갔을까?

엄마 눈에만 안 보여

이메일로 보낸 성적표를 꼼꼼히 보니 엄마 말과 사뭇 달랐다.

4월: 수학 1등급

6월: 수학 1등급

9월: 수학 1등급

수학 등급은 환상적이지만 원점수는 다른 말을 하고 있었다.

4월

수학 1등급(80/80) 국어 1등급(107.8/120) 영어 1등급(80/80)

사탐 3등급(47.5/72) 과탐 1등급(41/48)

원점수 356.3/400, 변환표준점수 359점

수능지수(원점수 기준) 386, 수능지수(변환표준점수 기준) 387

예상 전국 등수 19,474/850,305

6월

수학 1등급(71/80) 국어 1등급(100/120) 영어 1등급(76.5/80)

사탐 1등급(67/72) 과탐 1등급(41/48)

원점수 355.5/400, 변환 표준점수 363점

수능지수(원점수 기준) 391, 수능지수(변환표준점수 기준) 392

전교 등수 5/480, 예상 전국 등수 5,624 / 850,305

9월

수학 1등급(72/80)

수학은 첫 모의고사만 만점이지 나머지 두 번은 가까스로 1등급을 찍었다. 전문용어로 1등급 문을 닫고 들어갔다. 진희의 진짜 수학 실력은 80점에 가까울까, 71.5점에 가까울까?

"실수였다. 시험 날 애가 컨디션이 안 좋아서 그랬다."

진희 엄마는 딸 실력이 80점 만점이라 믿었다.

안다, 그 마음. 믿고 싶었을 것이다. 자식을 향한 엄마의 무조건적 인지부조화가 없었다면 우리는 어떻게 그 살벌한 청소년기를 무사히 건널 수 있었을까.

하지만 나는 엄마가 아니다. 냉정하게 말했다. 요약하면 대충 이렇다.

진희는 중학교 3년 내내 1등만 한 아이이다. 태어나서 한 번도 1등이 아닌 적이 없었고, 어딜 가나 똑똑하단 소릴 들으며 자랐을 테다. 외고, 그것도 부산에서 제일 공부 잘하는 외고에 진학해서 난생 처음 1등에서 밀려났고, 아직까지 한 번도 1등을 못했다. 겉으론 웃고 있지만 멘탈은 여기저기 상처와 흉터로 누더기가 되었을 게 확실하다. 그게 수학 점수로 나왔을 수 있다. 진희는 11월 모의고사에서 수학이 2등급으로 떨어질 가능성이 크다.

전화로 전해오는 진희 엄마 목소리에선 어처구니없다, 네가 뭘 안다고, 따위 감정이 느껴졌다. 그래도 아이를 위해 할 말은 해야 한다. 그게 선생이다.

"진희가 아직은 최상위 문제를 풀 수준이 아닙니다. 지금 상태에서 풀면 역효과가 올 수 있어요. 이번 11월 모의고사에서 수학 1등급을 받으면 그때 허락할게요."

진희는 11월 모의고사에서 1등급을 받았을까?

합격 가능이라는 희망 고문

1학년 11월 모의고사

국어 1등급

영어 1등급

사탐 1등급

과탐 1등급

훌륭하다. 하지만 수학은 내 예상대로 2등급을 받았다. 원점수도 65점. 이해를 돕기 위해 100점 만점으로 환산하면 81.25점이다.

16년 진희 인생에 처음 찍힌 숫자였을 것이다. 전교 석차도 24등으로 떨어졌고 예상 전국 백분위는 98%였다.

수학 2등급(65/80) 국어 1등급(110/120) 영어 1등급(76.5/80)

사탐 1등급(55.5/72) 과탐 1등급(42/48)

원점수 349/400, 변환 표준점수 364점

수능지수(원점수 기준) 385, 수능지수(변환표준점수 기준) 387

전교 등수 24/476, 예상 전국 백분위 98%

1지원 | 서울대 사회과학대학

- 합격 가능 수능지수 393점
- 자신의 수능지수 385점
- 노력하면 합격 가능함

2지원 | 연세대 사회계열

- 합격 가능 수능지수 388점
- 자신의 수능지수 385점
- 노력하면 합격 가능함

3지원 | 고려대 법과대학

- 합격 가능 수능지수 391점
- 자신의 수능지수 385점
- 노력하면 합격 가능함

세 대학 다 '노력하면 합격 가능'하단다. 합.격.가.능. 네 글자에 설레는 이도 있겠지만 참 무책임한 말이기도 하다. '합격'과 '가능' 사이에 실개천이 있을 수도, 태평양이 가로막고 있을 수도 있는데 말이다. 조선 후기 문인 유만주兪晩柱(1755-1788)가 말했다.

> 대기만성大器晩成이란 네 글자가
> 얼마나 많은 선비들을 유혹하고 삼켰던고

그제야 진희 엄마는 사태가 심각함을 깨달았다. 직접 집으로 와주시면 안 되냐고 사정한다. 부산에 있는 회원들을 만나 대면 상담도 하고 격려도 해줄 겸 부산으로 갔다.

강의형 아이 vs
자습형 아이

강의형 아이

수학 강의를 '들으면' 깔끔하게는 아니더라도 대부분 이해를 하는 아이다. 예습(그날 강의 내용)을 하지 않았는데도 말이다.

이런 아이는 따로 복습할 필요도 없다. 관련 문제를 풀면 그게 복습이고 차곡차곡 실력이 쌓인다. 강의 때 살짝 애매했던 부분도 문제를 풀다 보면 해결된다.

그러니 복 받은 아이다. 선조 중에 한 분이 임진왜란 때 마을 몇 개는 구했을 가능성이 크다. 어차피 강의형이니 돈 드는 과외나 학원보다 일타강사 인강을 찾아 듣는 게 좋다. EBS는 무려 공짜다. 시간도 아끼고 돈도 안 드니 효자이고 효녀일세!

다만 강의형 아이는 드물다. 더 큰 비극이 있다. 강의형 아이가 드문데도 사교육은 대부분 강의형 아이를 전제로 돌아간다. 그 많은 돈과 시간과 노력을 수학에 투입해도 수학이 아이 발목을 잡는 이유다.

자습형 아이

능력치(지능, 성적 등)가 중상위권이나 상위권인데도 강의 내용이 머리에 깔끔하게 들어오지 않는다. 선생님은 보통 속도로 설명하는데 그 속도를 따라갈 수 없다. 부분부분 이해 안 되는 대목이 있어 전체 로직이 완성되지 않는다. 들을 땐 대충 이해한 것 같았는데 한두 시간만 지나면 가물가물 머리에서 엉긴다. 자고 나면 대부분 잊어버린다.

이러면 '자습형'이다. 머리가 나쁜 게 아니고 애시당초 뇌 배선이 그렇게 연결되어서 그렇다. 굳이 따지면 조상 탓이다. 사실 필자가 이 유형이다. 이런 뇌에 학교 끝나고, 학원에, 인강까지 쏟아부으면 트리플 뻘짓이다.

자습형은 수학 공부를 어떻게 해야 할까?

혼자 풀어야 한다. 시간이 걸리고 답답하더라도 혼자 풀어야 한다. 안 풀리는 문제가 나오면 두세 번 더 도전한다. 그래도 안 풀리면, 풀이집을 본다. 풀이집을 봐도 이해가 안 되면 선생님께 물어본다. 이렇게 해서 1시간에 세 문제나 풀겠냐고?

맞다. 한 문제도 못 풀 수 있다. 하지만 생각하고 고민하고 끙끙거렸던 1시간은 시공간 속으로 증발하지 않는다. 하나도 빠짐없이 '수학 머리'를 자극하고 발전시키는 불쏘시개가 될 거(라고 믿는)다. 결국엔 이게 빠른 길이다.

그러니 자습형은, 굳이 사교육을 받겠다면 학원보다는 1:1 과외가 맞다. 질문을 잘 처리해주는 선생님을 만나면 수학 실력이 괄목상대刮目相對급으로 올라간다.

하위권 아이

세상 상식과 달리 자습형으로 공부하는 게 좋다. 어차피 강의를 쏟아부어도 이해하지 못한다. 몇 문제 안 되더라도 쉬운 문제 위주로 혼자 (풀어) 본 뒤, 선생님께 1:1로 설명을 듣는 게 하위권을 탈출할 수 있는 최선이다.

대다수 아이

강의형과 자습형은 극소수다. 그럼 나머지 대다수 아이들은 수학 공부를 어떻게 하는 게 좋을까?

① 그날 배울 부분을 예습한다.

② 강의를 듣는다.

③ 이해 안 되던 부분에 집중한다.

④ 모르면 선생님께 질문한다.

⑤ 복습한다.

⑥ 관련 문제를 푼다.

참 상식적인 얘긴데 이게 잘 안된다. 어떤 게 가장 어려울까?

1번이 제일 어렵다. 그날 배울 부분 예습하기. 이것만 해도 강의 이해도와 효율이 훨씬 높아지는데 이걸 하는 애들이 없다.

학교나 학원에선 의외로 4번이 어렵다. 친구들이 눈치 주기도 하고 진도 때문에 선생님도 부담스럽다.

다시 가자. 그 좋은 예습이 왜 어려울까?

선행학습 때문이다. 진도를 달려야 하니 선생님은 강의를 쏟아붓고, 아이는 숙제에 파묻혀 배운 내용조차 머릿속에서 소화시킬 시간이 없다.

선행 말고
예습이 필요하다

30년을 아이들과 함께했다. 어딜 가나 수학 잘하는 비결을 묻는다. 잘하는 건 모르겠고 지금보다 월등히 나아지는 법은 안다.

- 강의 들을 부분을 미리 풀어라.
- 못 풀어도 되고 안 풀려도 된다.
- 일단 먼저 풀어라.
- 선행이 아니라 예습을 해라.

아이들이 이 충고를 잘 들을까?
안 듣는다. 지독하게 안 듣는다. 그럴 거면 묻지나 말든지.

내 수학 수업은 이렇다. 하위권이든 상위권이든 똑같다.

- 1번에서 10번까지 풀자.
- 선생님, 3번을 모르겠어요.
- 한 번 더 풀어봐.
- 그래도 모르겠어요.
- 한 번만 더 생각해봐.
- 모르겠어요.
- 오케이. 풀이를 읽어봐.
- 다 알겠는데 이 대목만 모르겠어요.
- 한 번 더 봐.
- 그래도 모르겠어요.
- 오케이. 설명해줄게.
- (상위권인 경우) 나한테 설명해봐.

진리는 원래 쓰다

정밀 진단과 심층 인터뷰 결과, 진희는 자습형에 가까웠다. 탁월한 아이라 중학교 때는 강의형으로 공부해도 만사형통이었지만 고등학교는 다르다.

고난이도 문제는, 문제는 말할 것도 없고 풀이 자체가 어렵다. 자습형 아이는 풀이를 '들어서'는 이해할 수 없다. 풀이집을 보면서 차근차근 스스로 이해해야 한다. 자습형 인간 진희는 강의, 그것도 최상위반 강의를 들으면서 오리무중으로 빠졌고, 어어어 하면서 1학년을 마무리하고 있었다.

내가 진희에게 내린 처방이다.

- 지금 학원은 안 맞는 것 같으니 그만두자.
- 기말고사 끝나면 바로 겨울방학 스케줄로 들어가자.
- 새 문제집을 사서 1학년 수학을 싹 복습해야 한다.
- 혼자서 2학년 수학을 풀어보자. 의지할 건 오직 풀이집이다.
- 틀려도 좋으니 오래 생각하자. 방학이니 시간은 충분하다.
- 학원을 다시 다닐지는 개학즈음에 다시 평가하자.

특별 처방도 하나 내렸다.

"매일 밤 자기 직전, 스스로에게 질문을 해봐. 나는 제대로 가고 있는가, 라고."

진희는 처방을 잘 따랐을까?

떼어 놓은 당상을 놓치다

진희에게 매주 연락하자고 했지만 소식은 곧 끊겼다.

1년이 지났다. 고2 동규와 열심히 호흡을 맞추고 있던 2002년 11월, 역시 고2가 된 진희가 직접 연락을 해왔다.

"그동안 수학 공부는 어떻게 했니?"

진희는 내가 시킨 것과 정확히 반대로 했다. 본인 의지인지 엄마 뜻인지는 굳이 물어보지 않았다. 겨울방학은 물론 2학년을 마무리하는 그때까지도 스파르타학원을 다닌다고 했다. 새벽 1시까지 학원에서 공부한단다. (과장이 좀 끼었을 것이다. 숙제가 밀리면 새벽까지 남기는 학원이 그때나 지금이나 있다. 밤 10시 이후 학원 교습이 금지된 것은 2009년쯤이다.)

기가 찬 나는 딱 하나만 물었다.

"1시까지 강의를 들었다고? 강의 들은 걸 혼자 복습할 시간은 있었니?"

진희는 말이 없다. 유구무언有口無言.

"스스로 이상하다 생각하지 않았니?"

한 번 자신을 잃은 아이에게, 게다가 자습형 아이에게 융단 폭격으로 쏟아진 강의는 역효과를 일으켰다. 2학년 내내 수학이 안정되지 못하고 1등급과 2등급을 왔다갔다 했다. 더 큰 문제는 수학에 올인 하니 영어, 국어가 타격을 받는다.

3월: 수학 2등급, 국어 1등급, 영어 2등급

5월: 수학 1등급, 국어 2등급, 영어 1등급

6월: 수학 1등급, 국어 1등급, 영어 1등급

7월: 수학 1등급, 국어 1등급, 영어 1등급

10월: 수학 2등급, 국어 2등급, 영어 1등급

2학년 모의고사는 국영수가 계속 1등급과 2등급을 왔다갔다 한다. 확실히 1등급으로 고정된 게 없다. 상위권엔 이게 치명적이다. 한 과목이라도 1등급이 확실하게 확정되어야 나머지 두 과목에 집중할 수 있는데, 그게 아니면 심리적으로 '쫄린다'. 수학 공부하면서 영어 걱정하고, 영어 공부하며 국어 걱정하고, 국어 공부하면서 수학 때문에 불안해진다. 인간이 원래 그렇다.

이미 지나간 건 할 수 없고 새롭게 전략을 짰다. 객관적으로 보면 진희는 동규와는 비교할 수 없이 유리한 조건이다. 외고라서 그런지 이미 수학 진도는 다 끝냈다. 더 이상 할 게 없다. 3학년 내내 문제풀이만 하면 된다. 이번에는 진짜 혼자서 해보라고 했다. 우리 문제도 제공해주었다.

"진희야, 지금도 늦었지만 더 늦을 순 없잖아. 공부 열심히 하는 것도 중요하지만 한 번씩 멈춰 서서 스스로에게 질문을 던져. 나는 잘 가고 있는가, 라고 말이야."

몇 번 이어지던 연락은 역시나 슬그머니 끊겼다. 또 1년이 지났다. 2003년 11월 5일 수능 당일, 오전에 화정고로 가서 동규를 만나고, 사무실에 와서 업무를 보고, 강연이 있어 대여섯 시 무렵 운전대를 잡았다.

남부순환도로 국과수 앞을 지날 때쯤이었다. 휴대폰이 울린다. 진희다. 시간의 무게가 20년을 넘어서니 앞뒤 디테일은 기억에서 창작의 영역으로 들어간 것 같은데, 딱 하나는 생생히 기억난다. 진희가 울면서 말했다.

"쌤, 재수시켜주세요."

무슨 말인지 안다. 내가 해줄 수 있는 말은 그저, 그래 알았어, 뿐이었다.

그게 진희와 마지막 인연이다. 같은 학교에 다니던 다른 회원들에게 전해 듣기로는, 재수는 부모님 반대로 할 수 없었고 서울 모 대학에 진학했다고 한다.

진희는 대단히 총명한 아이였다. 너댓 시간을 꼼짝 않고 앉아서 공부할 정도로 집중력도 좋았다. 중학교는 물론 고등학교 3년 내내 사소한 일탈逸脫 한 번 없이 공부만 했다. 딱 하나, 잘못된 수학 방법론이 아이 앞길을 막았다.

진희가 동규와 같은 학년이었기에 더 안타깝다. 한 아이는 절대 갈 수 없었던 서울대에 들어갔고, 한 아이는 무조건 간다던 서울대를 놓쳤다. 그런 아이가 진희뿐일까?

질문이 없으면 변화도 없다

1970년대 한국 시 문학계 투톱은 단연 서정주(1915-2000)와 김춘수(1922-2004)다.

서정주는 '능수능란한 단어 구사와 경계를 자유로이 넘나드는 시적 사유'로는 오늘날까지도 지존으로 인정받고 있다. 하지만 친일과 독재자 미화 등 평생을 권력에 빌붙어 살았다. 전두환을 찬양하는 시까지 지어 헌정했다.

'존재의 본질을 깊이 있게 성찰한' 김춘수는 〈부다페스트에서의 소녀의 죽음〉을 써서 헝가리 민주주의를 걱정하고 죄없이 죽어간 어린 소녀를 애도했지만 한국에서 억울하게 죽어간 동포들에겐 전혀 무관심했다. 심지어 국민을 학살하고 민주주의를 압살壓殺하는 독재자를 찬양하고 그 곁에 붙어 권력까지 누렸다.

왜 저렇게 살았을까? '내적 질문'이 없었기 때문이다. 성찰 말이다.

'나는 제대로 살고 있는 것인가?'

둘보다 100년을 앞서 살았던 추사 김정희(1786-1856) 역시 예술계에서 지존을 찍었고 권력도 풀사이즈로 누렸다.

결은 다르지만 김정희 역시 저 둘처럼 '부끄럽게' 죽을 수도 있었다. 하지만 그는 달랐다. '어제까지의 자신'에 의문을 품기 시작했고 스스로에게 질문을 던졌다.

'나는 제대로 살아왔는가?'

치열한 의문과 질문을 통과하며 김정희가 도출해낸 해답은 어제까지와는 정반대로 살기, 즉 겸손과 자족이었다. 덕분에 김정희는 100만 안티를 유발하고도 남았을 인생 초중반 과오過誤들을, 명품을 탄생시키기 위한 어쩔 수 없는 흑역사 정도로 미분시켜 날려버리는 데 성공한다. (이에 대한 좀 더 자세한 이야기는 《1센티 인문학》을 참고하길 바란다.)

김정희는 8년 3개월간 제주도 유배라는, 미증유未曾有의 고난을 겪었다. (미증유는 한 번도 하지 못한 경험을 말한다.) 이것이 그의 삶을 바꾼 계기가 되었다.

고난 자체는 미덕이 아니지만 '고난을 만나는 자세'는 미덕이 될 수 있다. 제266대 교황 프란체스코는 이렇게 말했다.

"인간은 고난을 통해 깨달음에 이른다."

김정희처럼 진희 역시 고난을 만났을 때, 고난 중에 허덕일 때, 그 좋은 머리로 '의문'을 품었어야 했다.

'이상하네, 아무리 열심히 해도 등급이 안 오르네. 왜 이러지? 점

수가 안 나올 이유가 없는데. 이상하네, 정말 이상하네.'

모호하고 의심 단계인 '의문'을 적극적인 '질문'으로 다듬어야 했다.

'열심히 해도 수학 점수가 안 오를 수 있을까? 정말 자습형 인간이란 게 있는 건가? 나는 잘 가고 있는 걸까?'

의심과 의문은 고등동물 일부도 가질 수 있는 것 같다. 하지만 질문은 인간만이 할 수 있다. 그래서 특권이다. 우리가 누리고 있는 문명에는 '제대로 된 질문'과 '합당한 해답'을 찾는 쌍방향 소통이 수천 년에 걸쳐 나이테처럼 켜켜이 새겨 있다.

질문이 없으면 변화도 없다. 그래서 교육은 아이를 질문하는 사람으로 만들어야 한다. 질문하는 법을 배우지 못한 아이는 멍청이로 자란다. 어느 누구에게도 아이를 멍청이로 키울 권리는 없다. 설령 부모라 하더라도.

김정희가 제주 유배 시절, 유배지 인근 서귀포 대정향교 학생들 공부방에 써준 현판에는 이렇게 새겨져 있다.

의문당疑問堂.

CHAPTER 3

평범한 아이는 어떻게 성장하는가

“연애도 하고
게임도 하지만
인 서울은 하고 싶어요.”

누구나 실수한다

"선생님, 내일 시간 되십니까?"
"휴가 나왔니?"
"제가 점심 사서 작업실로 가겠습니다."
"군인이 무슨. 샘이 맛있는 거 사줄게."
"아닙니다. 제가 선생님께 받은 게 얼만데."

굳이 고집하길래 햄버거나 사오라고 했다. 그게 제일 쌀 테니. 다음 날 점심, 현관으로 엄청난 덩치가 들어온다. 참하게 생긴 곰, 현수다.

"작년 이맘때 군대 간다고 인사 왔었잖아. 벌써 1년이나 지났어?"

아뿔사. 마지막 말이 입술을 통과하기도 전에 현타가 온다. 벌써 라니. 군인들이 제일 싫어하는 말.

"이런, 현수야 미안. 샘도 이젠 꼰대다."

"하하, 괜찮습니다. 선생님."

괜찮기는, 섭섭했겠지. 그래도 씩 웃으며 넘어가는 아이가 고맙다.

"쌤이 옛날에 저와 성규한테 말씀하셨잖아요."

"뭘?"

'사람은 늘 실수하는 존재야. 10대인 너희들은 훨씬 더 그렇지. 실수를 안 할 수는 없어. 실수했다는 걸 인정하고 진심으로 사과하면 그걸로 돼. 내가 이번에 너희들 실수를 껴안았듯이 나도 너희들에게 실수하면 똑같은 마음으로 용서해주길.'

내가 그런 멋진 말을 했다고? 가만 생각해보니, 맞네. 애들이 기말고사 때 족보 다운받다가 내 노트북을 날려 먹은 적이 있었군. 흠. 자기들 딴엔 대수롭지 않게 넘어가는 내가 고마웠나 보다.

대수롭지 않았겠냐? 가슴이 찢어졌지. 하지만 어쩔. 제자들이 공부 좀 해보겠다고 하다가 벌어진 일인데.

햄버거를 먹으면서도 마음이 불편해 물어보니 세상에, 병장 월급이 120만 원이란다. 깜짝 놀랐다.

지켜만 봐줘도 스스로 성장하는 아이들

제주 시내 한 작은 도서관에서 인문학을 강의할 때 중2 현수와 성규를 만났다. 지극히 평범한 아이들이었다.

고등학생이 되자 두 녀석은 내게 공부를 배우고 싶다고 엄마를 통해 강력히 요청한다. 몇 번을 고사固辭했지만 이미 저희 선배뻘 학생들을 가르친 걸 알고 있기에 거부할 명분이 없었다.

"직접 강의하는 건 재미 없고 그냥 너희들 부족한 거 발견해서 고쳐주고 채워줄게."

그렇게 두 아이는 토요일마다 곽지해수욕장 바로 옆에 있던 우리집으로 왔다. 아이들은 시내에서 오전에 수학학원 가서 공부한 뒤, 30분쯤 버스를 타고 왔다. 수학 공부를 하다 궁금했거나 미진한 부분에 대해 질문을 받고(도대체 왜 학원에서 질문 안 하고 나한테 하냐고!), 영어 철학 원서로 독해 연습을 시키고, 서울에서 내가 쓰던 국어 자료(문학, 비문학) 문제를 풀게 했다. 내신 대비는 자기들끼리 족보를 다운받고서 쑥덕쑥덕하더니 괜찮게 해냈다.

제주 옛날 가옥은 안채와 바깥채, 두 채로 구성된다. 당연히 집값에 포함되었겠지만 그래도 1+1 시스템이라 매일매일 횡재한 느낌이다. 안채는 우리 부부 살림집, 바깥채는 서재 겸 게스트하우스로 사용했다. 아이들은 서재에서 밤늦게까지 공부하고, 이야기하고, 일요일 오전에 제주 시내 자기들 집으로 돌아갔다.

아내를 재우고 늦은 밤, 공부에 지친 두 아이를 데리고 별이 쏟아지는 해변을 걸었다. 감수성이 풍부한 성규가 허클베리 핀에 빙의해 말한다.

"저 별들은 만들어진 것일까, 아니면 원래부터 있던 것일까."

180센티미터가 넘는 아이가 저런 말을 하니 웃기기도 한데 묘한 감동이 있다. 나는 루카치를 인용해 장단을 맞추었다.

"별빛이 가야만 하는 길을 훤히 밝혀주던 시대는 얼마나 행복했던가."

역시 180이 넘는 키에 몸무게도 100킬로에 육박했던 현수, 자타 공인 공무원 스타일인 현수가 밤바다 낭만을 바사삭 깬다.

"본격적으로 별들이 탄생하는 것은 빅뱅 7억 년 후입니다."

편의점에서 집어 든 아이스크림을 입에 물고 우리는 비트겐슈타인과 하이데거의 언어관에 대해 이야기했고, 뉴딜정책이 실질적으로 종말을 고한 것은 언제인지에 대해서도 논쟁했다. 생물과 무생물을 나누는 기준으로 격렬히 토론했고, 빌 게이츠와 스티브 잡스 뒷담화도 했다. 지금도 잊을 수 없는 제주도 푸른 밤, 생 야생 독서논술수업이자 어른스러운 대화였다.

선생은 기다리는 사람이다

그해 가을, 애월읍 광령이라는 곳으로 이사를 했다. 제주 도심에서 버스를 타면 10분 만에 올 수 있는 곳이라 아이들이 편해졌다. 성규를 우수憂愁에 젖게 했던 바다, 석양, 한치잡이 배는 멀어졌지만 널찍한 마당과 텃밭이 있어 두 아이는 수시로 마당에서 일광욕을 즐겼다. 겨울에도.

옥상에 오르면 탁트인 먼바다 뷰와 함께 추자도와 여서도, 살며시 흐린 날엔 보길도까지 볼 수 있어 성규에겐 만족도가 높은 집이었다. 현수는 텃밭에서 방목한 상추와 깻잎 넣은 베이글을 좋아했다. 방금 딴 아로니아를 갈아 만든 주스는 하루 종일 무표정한 현수도 미소 짓게 만들었다.

시간이 흘러 어느덧 고2 겨울방학, 일요일을 제외하고 매일 출근하던 아이들이 방학 2주 차 때 말한다.

"쌤, 쌤 집에서 자면 안 돼요?"

둘 다 수학학원은 진즉에 끊었고, 대부분 수업은 인강으로 처리하는 단계니 오가는 것도 귀찮고 그냥 우리집에서 지내겠단다. 삼시세끼 밥 챙겨주는 게 큰일이라 거부해야 했지만 입이 앞서 나댄다.

"그래라."

그런데 두 달이면 그만 일 줄 알았던 '독박 육아'가 끝날 줄을 모른다. 그놈의 코로나 때문에 아이들 다니는 학교가 한 달 이상 셧다운됐다. 4월에 다시 학교가 열리자, 옥상에 올라가서 한라산을 올려다보며 만세를 삼창했다. 눈물도 살짝 흘렸던 것 같다. 수많은 방학을 이겨내온 대한민국 모든 어머님들, 리스펙!

두 녀석은 고등학생으로 3년을 살면서 삐딱선을 여러 번 탔다. 현수는 한 번씩 중학교 때 더 열심히 할 걸, 후회하면서도 임원 수련회에서 만난 청주 모 여고 학생과 키보드 연애를 했다. (헤어지다 사귀다를 반복하더니 공군으로 지원해 청주 공항에서 복무했고 간호사가 된 그 여학생과 지금도 사귀고 있다.) 시험을 망치고 온 날이면 할아버지 귤농장을 물려받아 농부로 성공하겠다며 망상회로를 가열차게 돌렸다.

가정사로 상처가 있던 성규는 한 번씩 우울감이 커지면 공부를 놓았다. 게임 세상으로 다이빙하거나 친구들과 며칠씩 야영을 떠났다. 고배율 천체망원경에 빠져 밤새 안드로메다 은하를 찾아 헤매기도 했다.

하지만 두 아이, 결정적 선은 넘지 않았다. 언제나 멋쩍은 표정으로 아무 일 없었다는 듯 다시 돌아왔고, 나 역시 별말 없이 아이들을 데리고 블루 사이공으로 갔다. 블루 사이공은 우리 동네 인근에 있는 유명 베트남 식당이다. 내가 먹을 수 있는 메뉴는 고수를 뺀 반미뿐이지만 아이들은 모든 메뉴를 좋아했다.

아이들은 때론 멈추고 때론 넘어지기도 했지만 완전히 쓰러지진 않았다. 좀비처럼 서성이다 다시 일어섰다.

어느 삶이 더 행복할까?

터무니없는 엄마들이 있다. 아이 용량은 영끌해도 인 서울인데 무조건 의대를 보내겠다며 살인적 스케줄을 돌린다. 아이 눈빛에선 생명력과 영롱함이 사라지고, 야근 후 퇴근하는 40대 직장인의 피곤과 체념만 어른거린다.

그렇게 해서라도 의사가 되면 모르겠지만 서울대나 의학계열 진학자는 세 살 때, 초등학교 말, 늦어도 중학교 1학년 때쯤 사실상 확정된다.

두 아이 엄마들은 달랐다. 아이들 용량과 평범성을 인정하고 아이들에 앞서 달리지 않았다. 한숨과 절망이 있었겠지만 잘 삭여냈다. 엄마니까.

덕분에 두 아이는 건강하게 방황을 흘려보냈고, 청소년기를 큰 사고 없이 무탈하게 소화해냈으며, 영혼엔 내공이 소복소복 쌓였다. 20대 중반이 된 지금도 눈에선 총기가 살아 있다. 유들유들 말도 잘하고 의젓하며 타인을 향한 배려가 깊다.

군대를 마친 현수는 중앙대에 복학해 열심히 회계사, 공무원, 공기업을 목표로 달리고 있다. 부산해양대학에 진학한 성규는 실습선을 타고 몇 개월째 먼바다를 떠돌고 있다. 대체복무란다. 심심해서 어쩌냐 했더니 망망대해 유튜브를 찍겠다고 했는데 아직까진 소식이 없다.

우리 아이들과 정반대에 선 인물이 있다. 고등학교 때부터 넘사벽이었고, 서울대 법대에서도 손꼽히는 수재였다. 대학을 졸업하기도 전에 사법고시를 통과해 검사가 되었고, 검사 생활도 엘리트 코스만 밟았다. 그가 언론 인터뷰에서 한 말이다.

"나는 평검사 시절인 스물세 살 때도 45세 계장(수사관)을 수족 부리듯이 부려먹었다."

이후 그는 청와대에 근무하면서 절정의 권력을 누리다 직권남용으로 구속된다(이와 관련된 자세한 내용은 《1센티 인문학》을 참고해주길).

어느 삶이 더 행복할까?

세상에 어떤 무늬를 남기고 싶은가?

서양에서는 문어가 음식보다는 바다 괴물로 더 많이 소비된다. 게임에 많이 나온다. 문어를 '즐겨' 먹는 나라는 스페인, 포르투갈, 이탈리아 등 해산물에 익숙한 몇몇 나라에 불과하다. 왜 그럴까?

-머리와 다리가 직통으로 연결된 모습이 괴상하다.
-발에 즐비한 빨판은 구두쇠를 상징한다.
-물고기를 유인해 잡아먹는 모습이 배반자나 악마 같다.
-바다 괴물 크라켄이 문어다.

한마디로 찝찝하다는 말이다. 한국에선 어떨까? 안동에서 문어는 선비급으로 대접받는다.

-매끈하게 둥근 머리는 깨달음을 상징한다.
-바다 밑바닥에서 몸을 낮춰 천천히 다니는 습성은 선비들 걸음을 닮았다.
-죽음을 각오하고 알을 지키는 절개가 선비와 닮았다.

–선비들 글 쓰는 데 필수품인 먹물을 머금고 있다.

뭐, 꿈보다 해몽이니까. 어쨌든 글文을 사랑하는 선비들이 사랑하는 물고기, 그래서 문어文魚다. 이런 이유로 양반 마을 안동에선 제사상에도 문어가 올랐고, 요즘에도 문어 소비가 가장 많은 곳이 안동이다.

글을 뜻하는 문文의 원래 뜻은 '무늬'다. 몸에 새긴 무늬가 문신文身이고, 연못에 돌을 던지면 생기는 물결이 파문波文. 천문天文은 수많은 별들이 무늬를 새긴 하늘이라는 뜻이다. 인간이 새기는 무늬는 인문人文이다. 그렇다면 인간은 어디에 무늬를 새길까?

인간은 하늘과 땅 사이에, 과거와 미래 사이에, 인간과 인간 사이에 제 존재를 새기고 떠난다. 생을 마감하는 날까지 그가 세상에 남긴 흔적의 총량이 인문이다. 즉, 한 인간의 삶 전체가 인문이라고 할 수 있다.

거창하게 갈 것 없다. 오늘 내가 타인에게 들려준 정보와 친근한 말투, 표정, 운전하며 내뱉었던 쌍소리 하나하나가 다 인문이다.

잠자리에 들 때마다 항상 생각한다.

'나는 오늘 하루, 이 세상에 어떤 무늬를 남겼을까?'

그 무늬가 켜켜이 쌓이면 인생이 된다. 우리는 세상에 어떤 무늬를 남기고 떠날 것인가?

두 아이에게 해줬던 말들을 대충 갈무리했다. 이 글은 《아내를 우러러 딱 한 점만 부끄럽기를》에 원문이 있다.

CHAPTER4

꼴찌에게도 기회는 있다

“최하위권에서 벗어날 방법이 있을까요?”

전교 꼴찌에게
과외를 시키는 이유

"형, 학생 한 명만 과외해주라."

"나 요즘 바쁜데. 몇 학년이야?"

"고3."

"고3이 3월 말인데 새로운 과외를 원한다고? 혹시 스카이 지망생이니?"

"애가 공부를 좀 못해."

"얼마나?"

"전교 꼴찌라는 거 같던데."

"안녕, 전화 끊을게."

대학교 고학년이 되면서 스터디를 여러 번 주재主宰했다.

법대 후배들에겐 칸트 철학을, 음대 작곡과 후배에겐 인문학과 과학을, 사범대 후배에겐 종교학을, 인문대 후배들에겐 언어학과 비트겐슈타인을 가르쳤다.

가르쳤다기보다는 같이 공부했다는 게 맞겠다. 정연井然한 논리와 예의를 갖춘 논쟁을 통과하면서 나나 후배들이나 인간과 세상과 역사와 우주를 바라보는 지평은 한층 확장되었다. 고등학교 최상위권 학생을 가르칠 때가 이렇다. 육신은 힘들지만 짜릿한 희열이 도파민처럼 온몸을 감싼다.

꼴찌를 가르칠 땐 정반대다. 초1 조카 돌볼 때의 에너지와 인내가 필요하고 유격훈련급 고통이 따라온다. 고등학생인데도 '수학 문제는 샤프로 풀고 지우개도 꼭 가지고 다녀'까지 가르쳐야 한다. 어쩌면 꼴찌는 스스로 포기하기 전에 선생님이 먼저 포기한 아이인지도 모르겠다.

"형, 형은 강남에서 전교 꼴찌도 인 서울 시켰잖아. 형 아니면 대한민국에서 누가 그렇게 할 수 있겠어?"

이 녀석, 슬슬 내 허세를 건드린다. 정신 바짝 차려야 한다.

"게다가 일반고가 아니라 명덕외고 꼴찌야. 기본기는 있다는 말이잖아. 그리고 걔 집이 형 사무실과 정말 가까워. 차로

5분 컷일 걸. 형, 생각해봐. 강남으로 과외하러 가면 오가는 데만 3시간 넘게 걸리잖아."

혀 놀림이 메시 드리블 같은 녀석이다. 몇 년 후 후배는 사법고시를 패스하고 연수원에서도 상위권을 유지해 지금은 하루 종일 흉악범들과 얼굴 맞대며 살고 있다. 그 유려한 언변으로 범죄자들 깨우쳐 새 사람으로 사회에 복귀시키는 게 애국이다.

우선 아이 엄마를 만나 이야기를 들어보고 과외를 할지 말지 결정하기로 했다.

국영수가 아니라 삶을 위해 배운다

이 엄마, 집도 아니고 카페도 아니고 명덕외고 근처 피자헛에서 보자신다. 일단 호감도 급상승.

지금 생각해보니 후배가 그렇게 코치했나 싶기도 하다. 당시 내 최애 음식이 피자였으니.

"선생님, 우리 아들이 명덕고에서 거의 전교 꼴찌예요. 대학 못 간다는 건 알고 있어요."

후배 녀석, 명덕고를 명덕외고로 오해했네. 외고 꼴찌랑 일반고 꼴찌는 또 다른 문젠데.

"그런데도 수학 과외를 계속 시키고 있는 제가 이상해 보이시죠?"

사실 좀 그랬다.

"우리 애가 지금 공부를 포기하면 인생도 포기할 것 같아서 과외를 시키고 있었던 거예요. 군대도 가고 취직도 하고 가정도 꾸려야 하는데 무엇하나 중도에 포기하면 안 되는 것들이 잖아요."

소름이 돋았다. 한 번도 생각해본 적 없던 논리, 감동이다. 세상 도처엔 숨은 고수가 많다. 모든 사람에겐, 어떤 사람이라도, 설사 범죄자나 적이라도, 배울 점이 하나는 있는 것 같다.

"선생님은 우리 아들 같은 아이도 잘 인도해주신다고 들었어요. 대학은 안 가도 되니까 우리 아들, 학교만 잘 마치게 해주세요. 이런 말씀 드리면 좀 이상하지만 말동무도 해주시면서 동네 형처럼 옆에만 있어주세요.”

분위기를 이렇게 진지하고 눈물 나게 만드시니, 오물거리는 입이 부끄러워 도대체 피자를 씹을 수가 없다. 콜라만 계속 들이켠다. 엄마는 아예 피자에 손도 안 대신다.

그 좋아하는 피자를 한 조각밖에 못 먹었다. 지금 생각해도 아깝다.

비 갠 뒤 폭우 내리는 삶에도 희망은 있다

왜 저렇게 얼굴이 어둡지?

대식이를 본 첫인상이다. 고3 얼굴이 마냥 밝은 것도 이상하지만 피곤한 얼굴과 어두운 얼굴은 분명 다르다.

어른이 되면 누구나 인생이 산산조각 나는 경험을 여러 번 하게 된다. 꼴찌나 하위권은 중고등학교 때 이미 겪는다. 너무 빨리, 너무 오래. 어지간한 인생에겐 비온 뒤 굳어지는 땅도 이 아이들에겐 다르다. 비 그친 뒤 더 심한 폭우가 쏟아지기도 한다.

대식이는 어떤 어른이 되어 세상에서 살아갈까. 짊어지게 될 인생의 무게는 얼마나 무거울까. 내가 해줄 수 있는 일이 있으면 좋겠다 생각했다.

아이가 어둡고 무거우니 내가 억지로 밝아야 했다. MBTI가 대문자 I인 내가 말이다.

"대식아, 종교가 있니?"
"엄마 아빠가 불교예요."
"너, 수학 시험 시간 5분이면 충분하지?"
"네."

다 찍는다는 말이다.

"앞으로는 부처님께 기도를 빡세게 한 뒤, 찍어."
"네."

고 녀석, 대답은 잘한다. 영어는 3월쯤에 떠나보냈다고 한다. 지난달?

"아뇨."
"고2 3월?"
"아뇨."
"설마 고1 3월?"
"네."

1학년 1학기 때 수학과 영어를 포기했으니 지난 2년간 수학과 영어 시간이 이 아이에겐 지옥이었겠구나. 국어나 사회는 한국말이니 들리기라도 하지. 얼마나 힘들고 외로웠을까.

"너, 학교 가서 할 일도 없는데 하루에 영어 단어 30개만 외우자. 힘들게 외우려고 하지 말고, 그냥 낙서한다고 생각하면서 연습장에 써 봐. 단어 양이 채워지면 영어 시험 때 '찍기'가 좀 수월해질거야. 그 정도는 양심상 할 수 있지?"

과학은 뉴턴 뒷담화부터 시작하니 흥미를 가진다. '거인의 어깨'는 겸손이 아니라 선배를 향한 인신공격이었다고 하자 눈이 동그래진다. 그 틈을 타 슬쩍 과학 수업을 했다.

"뉴턴의 제1법칙(관성)이 뭐야?"
"움직이고 있는 물체가 계속 움직이려는 성질요."
"그게 끝이야? 하나 더 추가해야지. 정지한 물체는 계속 정지하려는 성질."

그런 게 있었구나, 하면서 배시시 웃는다. 아는 게 거의 없지만 알아도 반쪽만 아는 것, 꼴찌들 특징이다.

제2법칙(가속도)도 어찌어찌 듣는다. 이 녀석 보게, 과학 머리가 없지는 않네. 그래서 이과를 택했나?

제3법칙(작용 반작용)은 쉽단다. 이론은 쉽지. 작용 반작용이 항상 쌍으로 다니니. 실전 문제는 다르다. 벽을 밀치고, 두 사람이 빙판 위에서 서로 손바닥을 밀치고, 양쪽 배에서 밀고, 키 큰 녀석이 작은 녀석 어깨를 누른다. 여기까지는 괜찮다. 용수철 문제로 들어가니 아예 이해를 못한다. (용수철 문제는 중상위권 아이도 어려워한다.)

그래도 과학은 포기할 수 없다. 그나마 점수가 나오는 과목이니. 정상적으로 개념을 쌓고 문제로 익히기엔 늦었다. 어떻게 했을까?

① (강의나 독학으로) 개념을 이해한다.
② 문제를 풀면서 개념에서 빠진 부분이나 잘못 이해한 부분을 확인한다.
③ 다시 개념을 복습한다.
④ 관련 문제를 많이 풀어본다.

이게 표준적인 과학 공부법이다. 대식이는 그럴 수 없다. 꼴찌잖아.

시중에 나온 물리, 화학, 생물, 지구과학 문제집을 거의 다 구입해 세부 개념별로 문제를 뽑고 난이도별로 편집했다. 과목별로 문제집 10권 정도를 단권화시켰다고 보면 되겠다. 초등학생이 봐도 이해할 정도로 자세한 풀이를 내가 덧붙였다. 온전히 대식이만을 위한 교재가 탄생했다.

사회는 진짜 꿀찌다. 어떡하냐 이 녀석.

난세亂世는 영웅을 부르는 법이다. 마침 구원자가 나타났다. 기억이 섞여 확실하진 않지만 당시 '에브라임'이라는 8절 크기 문제집이 있었다. 얘가 정말 대박이다. 8절 문제집은 보통 실전용인데 이 문제집은 기본 개념 관련 문제만 엄청나게 품고 있었다. 자세하기는 또 얼마나 자세한지. 얽히거나 중복되는 문제도 많아 하위권에겐 이보다 좋은 문제집이 없었다. (같은 이유로 상위권에겐 은근히 외면받았다.)

하위권 아이들은 이렇게 인도해야 한다. 아무리 쉬운 참고서라도 하위권에겐 어렵다. 초등학교 저학년을 대하듯 쉽고 자세하게 설명하거나 풀이집을 만들어줘야 한다. 그러면 반드시 성적이 오른다. 중위권까지도 올라갈 수 있다.

물론 선생에게 심각한 부작용이 따라온다. 화병이 생길 수 있고 심장 관련 질병이 있다면 악화될 수도 있다. 가속노화 원인이 될 수도 있다. 한 영혼을 살리기 위한 비용이다. 노 페인, 노 게인No pain, no gain. 고통 없이는 얻는 것도 없다.

위로가 될지 모르겠지만 죽지는 않는다. 내가 산 증인이다.

강남 반포고 꼴찌, 세화여고 꼴찌, 목동 강서고 꼴찌, 경기도 XXX 연합 일진, 제주일고 꼴찌 등 꽤 많은 꼴찌들과 동행했고, 무사히 대학 보내고, 건실한 시민으로 만들었다. 다행히 나는 아직 멀쩡히 살아 있다.

국어에 올인하다

세 번째 과외 날, 대식이가 이런 말을 한다.

"선생님. 저희 학교 뒤가 온통 다 논인 건 아시죠?"

마곡을 말한다. 지금은 서울에서 가장 깨끗한 미니 신도시지만 당시엔 서울에 마지막 남은 대규모 농경지, 광활한 논밭이었다.

"학교 창 너머로 해지는 걸 보면 마음이 그렇게 헛헛하고 허망할 수가 없어요."

대충 기억을 더듬어 썼다. 원래 워딩은 굉장히 문학스럽고 철학 냄새를 풍겼다. 국어감(각)이 있다고 확신했다.

"너, 학교 국어 시간에 뭐 하니?"

"수업 듣죠."

"구라치지 말고."

"진짜 수업 들어요."

"하나도 이해 안 될 텐데?"

"잠자요."

"대식아, 대학 가고 싶니?"

"네. 하지만…."

"샘 생각엔 갈 수 있을 것 같은데."

"정말요?"

"하루 종일 책상에 엎드려 자는 것도 지겹지 않니? 몸이 반으로 접히겠다. 수업 시간에 국어 모의고사를 풀자. 국어 수업 때도 풀고, 수학 수업 때도 풀고, 영어 시간에도 풀어. 네 실력이면 서너 시간쯤 걸릴 거야. 그래도 괜찮아. 다 풀고 나면 풀이집을 차근차근 읽어봐. 그것도 서너 시간 걸릴 거야. 그러면 대충 하루가 다 갈 거야. 그걸 매일 매일 하루 1회씩 푸는 거야."

일주일에 두 번, 과외 시간. 과학이든 사회든 국어든 최대한 부드럽게, 썰렁한 농담에 비속어까지 섞어가며 수업을 했다. 그래야 어두운 내면을 열고 대식이가 반응할 테니까.

대식이를 연결해준 후배와 만나 밥을 먹었다. 대식이 엄마가 후배에게 대충 이런 말을 했단다.

"대식이가 그러는데 선생님이 되게 웃기대. 내가 그랬지. 잘못 들은 거 아니냐고. 그 형 하나도 안 웃기는 사람인데."

너 때문이다, 이 친구야.

제대로 물어진 질문에는 반드시 해답이 존재한다

과외 시작 두 달 후, 대식이의 어두운 얼굴이 살짝 펴지면서 이런 말이 흘러나온다.

"선생님 5월 모의고사 성적표 나왔는데, 대박 났어요."

마음속으로 말했다. 설마?

국어 7등급 (57.6/120)

영어 7등급 (36.5/80)

수학 6등급 (23.0/80)

사탐 8등급 (13.0/48) - 일반사회, 한국지리, 국사, 윤리

과탐 4등급 (46.5/72) - 물리, 화학, 생물, 지구과학, 지구과학2

총점 6등급 (176.6/400)

1지원 | 홍익대 정보컴퓨터공학부 (진학 어려움)

2지원 | 서울산업대 전기정보공학과군 (진학 어려움)

3지원 | 한세대 IT학부 (진학 어려움)

이게 대박이라고? 어떤 이는 비웃기도, 다른 이는 놀라기도 하겠다. 등급이 30개쯤 된다고 여길 수도.

아니다. 9등급이 마지막이다. 하지만 일반고 꼴찌, 대식이에겐 대박이다. 3월 모의고사에 비해 국어는 2등급 올랐고, 과학은 3등급이나 올랐다.

이 구간에 있는 아이들은 워낙 공부량이 헐렁해 조금만 집중해서 공부하면 이 정도는 오른다. 그동안 뇌를 애지중지 아껴서 두 달 남짓 팽팽 잘 돌아갔을 수도 있다. 어쨌든 대식이는 성적표를 받은 후 공부에 불을 붙였다. 국어 모의고사를 정말 열심히 풀었다. 매일 1회씩, 하루도 빼지 않고 풀었다. 주말

에는 2회씩 풀었다. 에브라임 문제집 사회를 씹어먹을 듯 반복해서 풀었고, 여름방학부터는 '보통' 학생들처럼 다른 문제집도 풀었다.

그래서 수능 결과는?

5월 모의고사와 비교해 과탐과 영어는 조금, 사탐은 많이 올랐다. 국어는 90점대를 찍었다. 대식이는 서울 성북구에 있는 4년제 대학 컴퓨터 관련 학과에 당당히 진학했다.

대식이에게 썼던 방법은 일반화할 수 없다. 당시 수능 체제에서 대식이에게만 특화된 방법이었다.

요즘은 요즘에 맞는, 꼴찌를 위한 방법이 반드시 있다. 이후에도 나는 20년 넘게 '다양한' 꼴찌들을 맡았고, 그 아이에게 맞는 원포인트 전략을 개발해 나름 괜찮은 대학에 합격시켰다.

어른들이 먼저 포기하지만 않는다면 꼴찌들에게도 반드시 방법이 있다. 제대로 물어진 질문에는 반드시 해답이 존재하는 법이니까.

꼴찌에게도
숨통을!

전국 모의고사를 보고 나면 세금 고지서처럼 빠지지 않고 날아오는 성적표에, 전교 석차는 물론 전국 등수까지 기재되는 시절이 있었었다. 총점은 물론 각 과목별로 말이다.
요즘이야 사정이 말도 못하게 나아졌지만 본질은 비슷하다. 예나 지금이나 한국 교육은, 극소수에게 우월감을 선물하면서 대다수에겐 열등감을 심어주며 굴러간다.
대학도 사정은 비슷하다. 예전엔 절대평가 과목이 꽤 많았지만 (기업체 요구로) 상대평가를 급격히 늘리고 있다는 흉흉한 소리가 여기저기서 들린 지 오래다.
세상 교육은 다 이럴까?

유럽은 사정이 다른 모양이다. 유럽 대학 대부분은 오래 전부터 (우리가 보기에) 희한한 절대평가를 고수하고 있단다.

숨마 쿰 라우데 Summa Cum Laude(최우등)
마그나 쿰 라우데 Magna Cum Laude(우수)

쿰 라우데 Cum Laude(우등)

베네 Bene(잘했음)

남과 비교할 것 없이 어제의 나보다 좀 더 나은 나를 추구하며, 비록 오늘의 나가 어제의 나보다 뒤떨어졌어도 내일의 나를 기대하며 오늘을 긍정할 수 있다.

교육education은 밖으로e 이끄는duction 행위다. 갑각류처럼 단단한 자아 속에서 나를 끄집어내는 행위이며 플라톤 말마따나 빛으로 이끌어내는 과정이다.

그렇다면 교육은 모든 사람, 모든 아이에게 보편적으로 제공되어야 하는 권리이자 인권이다.

꼴찌에게도 숨통을!

CHAPTER5

공부 빼곤 다 재미있어

"우리 아이는
온갖 유혹에 쉽게
흔들려요."

못 떠나는 엄마

카톡이 온다. 종수 엄마다.

"선생님, 종수가 공부하는 게 많이 힘든 모양이에요. 이과 수학이랑 과학이 확 어려워져서 그런 거 같은데, 그래도 포기하지 않고 이겨낼 수 있게 좋은 말씀 부탁드려요."

고1 겨울방학, 종수 엄마가 뉴욕에서 카톡을 보냈다. 절친을 만나러 또 다른 절친들과 보름 일정으로 비행기에 올랐다. 아이들 케어 때문에 몇 년을 주저하다 지금 가지 않으면 아이들 대학갈 때까진 못 간다고 판단해 큰맘 먹었다고 했다.

“이왕 가신 거, 한국은 잊으시고 잘 보내다 오세요. 종수는 제가 잘 챙길게요.”

하지만 대한민국 엄마가 어디 그런가. 몸은 태평양을 건넜지만 마음은 여전히 제주 앞바다에서 서성인다.

모 심는 여자
자식 우는 쪽으로
모가 굽는다.

일본인이 가장 사랑하는 시, 잇사(1763-1828)가 썼다.

수학이 인생의 태클인 아이

종수는 축복받은 아이이다. 똑똑한 유전자를 엄마 아빠 양쪽에서 곱배기로 물려받았다. 직원을 열 명 넘게 둘 정도로 잘 나가는 의사 아빠. 명문대 출신 엄마. 강남에서 수학강사로 유명한 고모. 이모와 외삼촌은 전문직 아니면 연구원이다. 그러니 종수는 안 좋기가 더 힘든 머리다.

부모님 성품을 빼다 박은 종수는 인성도 좋다. 웃어른에게 깍듯하고 후배에게 살갑다. 인간을 향한 예의가 어지간한 성인보다 낫다. 매너도 좋다. 시키지 않아도 수저를 챙기고 뒷정리도 솔선수범이다. 직장 생활하면 웃으면서 고기 뒤집고 반찬 리필해올 아이다. 살살 놀리기는 하지만 두 살 터울 여동생을 살뜰히 챙긴다.

지능, 인성, 가정 분위기, 경제력을 보건대 공부를 못할 이유가 없다. 상위 1%에 못 드는 게 오히려 이상한 아이. 레알 금수저다. 그런데.

엄마 말에 따르면 수학이 태클이다. 못하는 건 아닌데 어느 수준에서 꽉 막혔단다. 제주에서 유명하다는 학원 과외는 다 해보고, 조카 바보 고모가 줌으로 가르치고 비행기를 타고 와서 가르쳐도 해결되지 않는다. 이유를 모르니 이제는 자포자기라며 종수 엄마는 만난 지 20분도 안 된 내 앞에서 눈물을 보인다. 수학 선생님마다 호기롭게 뛰어들었다가 이 아이는 안되겠다며 포기하니 아들이 불쌍하단다. 분하기도 하고.

이런, 나까지 눈물이 고이네. 갱년긴가.

자랑 좀 해야겠다. 종수는 중학교 1학년 2학기 기말고사를 끝낸 직후 인연을 맺었다. 종수 문제점을 네 번째 수업 만에 발견했고, 해결책을 마련했으며 1년 정도 '치료' 후 '완치'시켰다. 이후 종수에게 수학은 가장 자신 있는 과목이 된다. (관련해서는 마지막 챕터에서 자세히 다루겠다.)

중학생 때는 사소해 보이지만 고등학교 가면 불치병이 될 수도 있는 영어 결함도 발견해 고쳐줬다.

대여섯 줄로 줄였지만 월요일부터 토요일까지 꼬박 1년이 걸린 지난한 과정이었다. 위기도 많았다.

아이들은 작은 관심으로도 스스로 자란다

중3 여름방학이 끝나면서 종수를 하산시켰다. 약점을 다 교정했으니 다른 학원에 맡겨도 된다. 나도 좀 쉬자.

고등학교 내신도 꼼꼼하게 봐준다는 수학학원과 과학학원을 엄마가 찾아냈다. 영어와 국어는 수준급에 올랐으니 혼자 해보고 문제가 발생하면 다시 내가 봐주면 된다.

"이제 학기 중엔 토요일만 오너라."

토요일 오전에 주요 과목 학습 상황을 점검하고, 오후엔 교양 필독서와 읽기 자료를 집중해서 읽고 이야기를 나눈다.

방학 때는 다시 주 6일(월-토) 시스템이다. 아침 일찍 와서 자습하다가 점심 같이 먹고 다시 자습하다가 너댓 시쯤에 수학학원이나 과학학원으로 간다.

물론 생판 자습은 아니다. 하루에 30분씩 영어 철학 원서를 나와 같이 독해하고(이것으로 영어 공부는 끝), 종수에게 맞게 세팅한 교양 필독서를 발췌독한다. 방학 때마다 듣던 EBS 국문법 인강도 한 번 더 듣는다. 국문법은 고등학교 국어 내신 점수를 까먹는 주요 요인이지만 고등학교 때 시작하면 늦다. 중학생 때 EBS 국문법 인강을 반복해서 들어주면 좋다. 방학 때마다 한 번씩, 네 번 정도 반복해서 들으면 마스터가 가능하다.

종수는 수학학원에서 이해하지 못하고 온 개념을 나한테 물어보고(학원 선생님이 실력은 좋은데 화가 많아 물어보기 무섭단다), 처음 접하는 화학 개념이 헷갈린다며 내가 대학 때 보던 화학 교재도 뒤적인다. 때론 학원 선생님 뒷담화도 나한테 한다.

몇 줄로 요약하니 참 평화롭고 슬기로운 공부 생활이다.

흠. 진짜 그랬을까?

익숙함이라는 함정

종수 머릿속에 기본값으로 내장된 세 문장이다.

'왜 공부를 해야 하지?'

'놀고 싶다.'

'여자 친구 사귀고 싶다.'

종수는 나와 만나기 전에도 열공하던 아이였다. 어쩌면 불안감에서였을 게다. 어떻게 해도 수학이 안 되니 내 인생 망했나 싶은 불안감. 그 불안을 해소하기 위해 '맹목적' 열공을 해오지 않았을까?

나와 만난 후 인생 난제難題가 해결되어 나가니 얼굴이 편해졌다. 목표도 입 밖으로 공개한다.

"꼭 의대 갈래요."

양날 칼이다. 연인이나 부부 사이가 그래서 파탄 나는 것처럼 공부에서도 '익숙함과 편해짐'은 독으로 작용할 수 있다. 자신을 짓눌러왔던 수학 문제가 해결되자 긴장이 풀렸는지

가보지 않은 길에 대한 열망이 한 번씩 종수를 사로잡는다.

“선생님, 요즘 종수가 보드게임에 완전히 빠졌어요. 벌써 몇 주 됐어요.”

이럴 땐 모른 척해야 한다. 넌지시 대화를 이어가면 종수가 먼저 속내를 털어놓는다.

“왜 열심히 공부해야 하는지 모르겠어요. 알겠는데 모르겠어요.”
“그래, 그럴 수 있지. 넌 아직 중2잖아.”

독서 스케줄을 급히 조정했다. 주중 국영수 수업을 최소한으로 줄이고 2주 가까이 책을 읽으며 이야기를 나눴다.

1. ‘정신 승리’란 말 많이 쓰지? 《아Q정전》에 나오는 말이잖아. 그래, 교과서에서 봤던 바로 그 소설. 루신(노신)은 일본에서 의대 공부를 하던 중 마음을 바꿔 작가가 돼. 왜 그랬을까?

《노신 평전》 임현치, 실천문학사, 2006

2. 금속 재질 청진기의 차가움에 임산부가 놀라자, 청진기를 자

기 가슴에 품어 온도를 올린 후 진찰하는 산부인과 의사, 이길여. 멋지지? 인간을 바라보는 시선이 따뜻할 뿐 아니라 창의력까지 대단해. 너도 그런 의사가 됐으면 좋겠다.

《아름다운 바람개비》 이길여, 메디치미디어, 2012

3. 인식의 폭을 확장시켜주는 놀라운 책들이 있어. 흔하진 않지. 샘이 그런 책을 한 권 발견했어. 유전자 가위를 개발한 제니퍼 다우드나 박사야. 아직 너한텐 어렵겠지만 그래도 한 번 읽어봐. 아빠 권유로 너도 주식 계좌를 만들었다고 했지? 이쪽 관련 주식을 사서 장기간 보유하면 수익률이 좋을 거야.

《크리스퍼가 온다》 제니퍼 다우드나 · 새뮤얼 스턴버그, 프시케의숲, 2018

4. 저자가 이렇게 말해. 생명이란 동적 평형 상태에 있는 흐름이다. 너는 어떻게 생각하니?

《생물과 무생물 사이》 후쿠오카 신이치, 은행나무, 2009(초판)

5. 의료사고가 나면 의사는 가타부타 입을 다무는 게 미국 문화였대. 소송에 불리할 수 있으니까. 하지만 의사의 진솔한 사과가 오히려 사태 수습에 효과적이라는 연구 결과들이 나오고 있어. 이 책을 읽어보고 더 많은 자료는 〈뉴욕타임스〉에 있으니 찾아보자.

《개념의료》 박재영, 청년의사, 2013

이 외에도 여러 권을 읽었다.

《그 청년 바보 의사》 안수현, 아름다운사람들, 2018

〈장기려 시리즈〉

《닥터 노먼 베쑨》 테드 알렌·시드니 고든, 실천문학사, 2001

《굴뚝 속으로 들어간 의사들》 강동묵, 나름북스, 2017

아이들 내면은 말랑해서, 보드게임처럼 사소한 것에 마음 속 가장 큰 자리를 내주기도 한다.

그렇다면 아이들은 사소한 포인트에서도 마음을 돌릴 수 있다. 나는 그렇게 믿는다. 그 사소한 포인트가 책이고, 지적 대화라고 믿는다.

지적 대화의 힘

한 계절이나 지났나, 이번에는 호르몬 문제다.

학교에서 어떤 여학생이 마음속으로 들어왔는지 계속 그 아이 얘기를 툭툭 던진다. 공원에서 꺄르르 웃어대는 여학생들 소리가 창을 뚫고 들어오자 과도하게 짜증을 낸다. 역시 호르몬이다.

며칠 후 종수 엄마가 카톡을 보냈다. 내 생각이 맞았다. 호르몬은 급級이 다르다. 비상사태다.

토요일 독서 수업, 토요일에만 오는 여학생 둘과 종수에게 '사랑과 결혼' 특강을 했다. 서양사, 철학, 과학, 인류학으로 사랑을 분석한 지적 향연이었다. 아이들 눈은 내가 본 중에 최고로 반짝거렸고 내 경험담까지 섞으니 관심 폭발이다. (내친김에 10주 과정인 '결혼 예비 학교'도 열려고 했는데 아내가 말렸다.)

감성보다 이성이 훨씬 강하고, 스스로도 이성적 인간이라 자부했던 종수는 내가 말한 한 문장에 꽂혔다.

사랑은 감정이 아니라 이성적 결단이다.

꼬리를 무는 추가 질문과 답변. 결국 종수는 '책임' 문제까지 스스로 다가갔다. 참 가르칠 맛 나는 아이이다.

콕 찍어 물어보진 않았지만 사태는 그렇게 일단락되었다. 두 번 다시 종수는 연애 이야기를 꺼내지 않았다. 시간이 흐르고 흘러, 종수야 여친 사귀고 싶니, 물으니 담담한 표정으로 답한다.

"예. 하지만 대학 가서 사귈래요. 지금은 제가 책임질 수 있는 능력이 하나도 없으니까요."

먼저 살아본 사람,
선생

중2 겨울방학 끝 무렵, 종수 엄마가 급히 상담을 요청했다.

"선생님, 저희 부부가 잠들고 나면 그때부터 노트북을 켜서 새벽까지 게임을 했다네요. 보름은 넘은 거 같아요."

야 이 녀석아, 목 디스크 걸리겠다. 오전 자습 때 하도 꾸벅거려 했던 말인데 이유가 있었군.

종수와 함께 밖으로 나와 찬 공기를 마시며 걸었다. 탐라도서관 주변은 겨울에도 초록 세상이라 눈과 함께 마음도 씻긴다. 돈가스 맛집에서 이른 점심을 먹고 수목원을 향해 걷는다. 20분쯤 걸으면 게임회사 넥슨이 보인다. 들어가서 샘이 어릴 때 했던 오락실 게임(바블바블) 해볼래, 했더니 그런 건 유치해서 안 한단다. 수목원 뒷동산(광이오름)에 올라 말없이, 제주 바다를 배경으로 오르고 내리는 비행기를 수십 대쯤 본다. 등 돌리면 웅장한 한라산이다.

다시 공부방으로 향한다. 엄마 손길로 유명한 햄버거 가게는 참을 수 없지. 종수는 햄버거 세트, 나는 감튀만 시켰다. 10분 순삭 후 바로 옆 아이스크림 가게에 가서 후식을 먹었다.

"종수야, 우주는 딱 두 개로 구성되어 있어. 뭘까? 과학에선 물질과 에너지라고 말해. 하지만 우주는 이야기로 이루어져 있기도 해. 한번 들어볼래?"

종수는 또래보다 진지한 편이고 성공에 대한 열망도 높다. 나를 롤모델로 삼고 있기에 내 말이 잘 먹힌다. 그렇게 이런저런 지적 이야기를 들려주면 슬그머니 제자리로 돌아오는 종수. 이러면 두 달 정도는 잠잠하다.

두 달이 지나 다시 방황하면? 또 하면 된다. 같이 먹고, 걷고, 이야기하고. '작심두달'이 세 달, 네 달로 연장되면 좋은 일이고, 그렇지 않아도 괜찮다. 작심두달을 반복하면 되니까. 다른 사람은 못하지만 선생先生은 할 수 있다. 먼저先 살아본生 사람이고, 먼저 방황해본 사람이니까.

일상이 축복이다

다시 처음으로 가자. 뉴욕에서 날아온 카톡이다.

"선생님, 종수가 공부하는 게 많이 힘든 모양이에요. 이과 수학이랑 과학이 확 어려워져서 그런 거 같은데 그래도 포기 안 하고 이겨낼 수 있게 좋은 말씀 부탁드려요."

'작심두달'이 이번에는 꽤 길어서 그나마 다행이다. 조금 있으면 고등학교 2학년. 이제 조금 깊은 인생 이야기를 해줄 때도 됐다.

"종수야, 매일 매일 공부하는 게 지겹지?"

"네."

"네가 그랬지? 선생님은 어떻게 하루 종일 기계처럼 일만 하냐고. 그러면서도 스트레스 안 받고 즐겁게 사시냐고. 비결을 말해줄게.

인간은 '감동, 쾌락, 성취'를 추구하며 살아. 그게 행복을 주니까. 하지만 재들은 삶의 극히 일부분일 뿐이야. 1%나 될까? 삶을 구성하는 나머지 99%는 이렇단다.

필요한 일을 하고
해야 할 일을 하고
해선 안 되는 일을 참고
작은 불편을 제거하고
사소한 행복을 추구한다.
매일 매일, 죽을 때까지.

그러니 삶의 본질은 평범함과 일상성이라 할 수 있지. 인정?"

"인정."

"행복은 어디에서 찾을 확률이 높니?"

"당연히 99% 영역이죠."

"선생님도 예전엔 1%, 그 좁은 길에서 행복을 찾으려고 했었어. 하루 종일 책 읽고 글 쓰다가 저녁 되면 너희들과 공부하지. 매일 반복되는 일상이니 짜릿하거나 행복할 일도 없어. 그래서 산책, 가끔 폭식, 짧은 여행에서 행복을 찾았어. 하지만 어느 순간 의문이 들더라.

내 삶을 구성하는 99%는 일상인데, 어쩌면 99.9%인데, 왜 일상에서 행복을 못 느낄까. 왜 특별한 뭔가를 해야만 행복을 느낄까. 너무 비효율이잖아.

각막에 염증이 생겨 며칠간 불편했는데 신박한 깨달음이 왔어. 어라, 내 눈에 각막이 있었네.

살면서 한 번이라도 네 각막을 느껴본 적 있니? 배탈이 나야 몸속에서 위장이 묵직하게 느껴지고, 두통으로 머리가 지끈지끈할 때에야 두개골 안에 뇌가 있었음을 새삼 자각하지.

그러면서 깨닫는다. 얘들이 내 몸속에 있는지 없는지도 모를 때가 행복한 시간이구나. 아프지 않았던 일상이 축복이구나.

삶도 마찬가지였어. 공과금 독촉장이 날아오지 않은, 사업이 휘청거리지 않은, 교통사고나 억울한 사고가 일어나지 않은, 가족에게 나쁜 일이 생기지 않은, 부고장을 하나도 받지 않은, 삼시세끼 다 챙겨 먹은, 아무 일도 일어나지 않은 밋밋한 어제가 행복이었구나. 오늘도 어제 같은 일상이 반복되는 게 축복이구나. 이렇게 사고思考를 전환하면 내가 살아가는 99% 시간이 다 행복할 수 있겠구나.

감동, 쾌락, 성취가 행복이 아니라는 말은 아냐. 그건 정말 큰 행복이지. 하지만 대단히 자극적이야. 드물기도 하고. 오죽하면 1%라고 하겠니. 이 좁은 영역에서만 행복을 느낀다면 우리는 행복하기가 대단히 힘들 거야. 그러니 짜릿한 감동과 쾌락과 성취는 내 인생에 주어진 단비같은 보너스라 생각하면 좋겠어. 주어지면 감사하고 안 주어져도 타격감 없는.

이걸 깨달으니 내 일상이 엄청 소중해지는 거야. 어제와 똑같은 오늘 반찬이 감사하고, 손만 대면 나오는 청량한 수돗물이 고맙고, 두 발로 걸어 다닐 수 있음이 축복이더라고.

놀라운 일이 일어났어. 책 읽는 시간, 글 쓰는 시간, 너희들과 공부하는 시간. 때로는 무료無聊하고, 해야 하니까 했던 일들이 점점 더 나를 행복하게 만들었어. 행복해지니 시간을 더 쏟게 되고, 다른 데 눈 돌릴 필요도 이유도 사라졌지.

물론 한 방에 되지는 않아. 자꾸 연습해야 해. 어떻게 할까?

일상이 끊겼을 때를 상상해봐. 병이 들고, 사고가 나고, 밥을 굶고, 집이 망하고, 아동 노동을 해야 하고. 그런 일이 일어나지 않았기에 오늘 네가 편안히 앉아 공부를 하고 있는 거잖아. 너에겐 일상이 공부지. 이렇게 사고 실험과 현실 적용을 반복하면 서서히 인식이 바뀌고 생각이 변해. 그러면 정말 놀라운 일이 일어나. 공부가 재밌어져. 선생님처럼."

종수는 꽤 여러 번 방황했고, 그만 가겠다며 주저앉아 엄마에게 징징거리기도 했으며, 가보지 않은 길에 대한 갈망으로 열병을 앓기도 했다. 그럼에도 언제나 제자리로 돌아왔다. 어떨 땐 장군처럼 씩씩하게 진군했고, 패잔병처럼 다리를 끌며 답답하게 걸을 때도 있었지만 어쨌거나 앞으로 나아갔다.

지방 의대에 진학한 종수는 한번씩 내게 연락을 한다. 이제 2학년 되면 공부 좀 해야지, 했더니 더 놀 거란다.

그래라. 그게 네 스타일이지. 인정.

우리는 지루한 장면을 싹 드러낸 영화 같은 인생을 살고 싶어 하지만 그 지루한 시간들이 모인 게 우리 인생이다.

오늘을 살아간 모습이 바로, 나다.

사랑은 이성적 결단이다

사람이건 동물이건, 형이상학적이든 육체적이든, 욕망을 채울 수 없으면 고통스럽다. 그럼, 욕망이 충족되면 고통은 사라질까?
동물은 그렇지만 인간은 다르다. 욕망이 사라진 자리에 허무와 지겨움이 스멀스멀 들어찬다. 권태다. 권태 역시 고통이다.
권태를 쫓기 위해, 죽을 것 같은 지겨움에서 벗어나기 위해 인간은 새로운 자극과 욕망을 찾아나선다. 그렇게 욕망과 권태 사이를 그네처럼 왔다갔다 하면서 스스로를 고통의 톱니바퀴 속에서 소진消盡시킨다.
사랑을 끌어가는 동기 상단부에 욕망이 자리하게 되면 그 사랑이 깨지는 이유도 말라붙은 욕망을 비집고 들어찬 권태 때문이다.
이를 두고 어떤 이들은 호르몬 때문이라고, 뇌의 작용 때문이라고, 인간은 애당초 그렇게 생겨먹은 존재라고 정당화한다. 또 다른 이들은 상담과 약물과 마음챙김으로 극복할 수 있다고 한다.
정말 그럴까?

다른 사람들 사랑 이야기를 단계별로, 종류별로, 입맛대로 골라 볼 수 있는 세상이다. 가만히 들여다보면 그곳에서는 온갖 종류 욕망이 낭만으로 포장되고, 교환가치는 판타지로 둔갑하고, 권태는 이별을 위한 합리적 이유로 정당화된다. 모든 것이 가득한 그곳에, 희생과 헌신은 없다.

신神적 사랑과 인간의 사랑을 날카롭게 구분하고, 모성애와 우정과 연인 간의 사랑을 다른 범주로 쪼개면서, 우리는 사랑을 타락시켜왔다. 윤리, 의무, 희생, 헌신은 빠지고 오감과 욕망이 주인 행세하는 감각적이고 감성적이며 신경학적 상태를 연인 간의 사랑이라 서로를 세뇌해왔다.

모든 이를 사랑하기 위해 청년 예수는 제 생명을 십자가에 매달았고 청년 싯다르타는 사회적 죽음으로 걸어 들어갔다. 두 청년이 우주적 상상력으로 제 몸 태워 써내려간 사랑 시詩는 세상과 만물과 단어들이 새로운 의미로 불타오르게 했고, 의미 분절이 불가능한 절대적 사랑을 우리 정신에 고양시켰다. 덕분에 우리는 다시 사랑할 수 있게 되었다.

청년 예수와 청년 싯다르타가 모든 이를 사랑하기 위해 바친 고결한 희생과 헌신을 내 연인에게 오롯이 바치는 것, 그게 사랑이다. 부모를 사랑하고, 자녀를 사랑하고, 친구를 사랑하고, 반려동물을 사랑하는, 그 모든 사랑을 합친 분량과 두께로 내 연인을 사랑할 때 비로소 사랑을 살게 된다.

사랑이 상식과 판단, 논리를 뛰어넘을 때 그 사랑은 초월의 지렛대가 되어, 쾌락을 넘어, 궁극의 행복으로 우리를 휘몰아 간다. 사랑에는 수고가 따르고, 그 수고는 죽을 때까지 계속되는 노력이다. 노력하는 한, 인간은 행복하다.

종수에게 했던 강의 내용을 기반으로 쓴 글이다. 풀 버전은 내 책 《아내를 우러러 딱 한 점만 부끄럽기를》에 나온다.

CHAPTER6

독이 되는 선행학습, 약이 되는 선행학습

"지금 하고 있는 선행학습이 정말 도움이 될까요?"

"우리 아이에게 딱 맞는 공부법을 찾고 싶어요."

텔레비전이라는 요물

서울 목동에서 초등학생에게 독서와 논술을 가르치는 선생님 몇 분이 팀을 짜서 성인 인문학 강의를 요청했다. 그중 한 분이 지나 엄마였다.

매주 한 번씩 두 달 넘게 강의했을 무렵, 나를 크게 신뢰하게 된 지나 엄마가 초등 자녀의 독서 수업을 부탁한다.

"초등학생은 말이 안 통해서 안 합니다."

노키즈존 느낌이라 미안하지만 진짜다. 진리를 깨달은 자는 아이는 물론 동식물과도 소통할 수 있지만 내가 가르칠 수 있는 한계는 중학생이다.

“아무것도 안 해주셔도 좋으니 그냥 선생님 책 읽으실 때 옆에서 책 읽게만 해주세요.”

뒷말은 이랬던 것 같다.

“선생님 기氣 좀 받게요.”

이 엄마, 보통이 아니다. 더 이상 거절하면 안 될 것 같다. 그렇게 초등학교 5학년 지나와 지원, 6학년 승희가 매주 한 번씩 강의실로 왔다.

수업은 대체로 난장판이었는데 이 아이들, 은근히 재밌다. 쉬는 시간엔 나를 투명인간이라 생각하는지 친구들 뒷담화부터 선생님들 품평까지 못하는 말이 없다. 그래도 마지막은 희한하게 자아비판, 집단 성찰로 수렴한다.

“우리 너무 나간 거 아냐? 우리가 틀릴 수도 있잖아.”

셋 다 똑똑했지만 우와 소리 날 정도는 아니었다. 다만 지나는 독서량이 상당했다. 엄마 직업이 직업인지라 어릴 때부터 관리한 티가 났다. 강제도 아니었다. 지나는 ‘내가 골라준 어려운’ 책을 읽는 걸 진심으로 좋아했다. 유전자와 양육이 가장 좋게 결합한 예다.

몇 달 후, 초등학교 졸업을 앞둔 승희에게 수학도 가르쳐 달라고 승희 엄마가 요청했다. 나는 완곡히 거절했다. 다른 수업이 꽉 차서이기도 하지만 중1 수학은 자잘해서 재미가 없다. 선생이나 학생이나. 게다가 나는 공부에 큰 문제가 있는 아이를 발견하고 치료하는 게 보람 있고 좋다. 그렇게 승희와의 인연은 몇 개월로 끝났다.

1년 후, 초등학교 졸업을 앞둔 지나와 지원 엄마 역시 학과 수업을 요청한다. 똑같은 이유로 여러 번 고사하는데 지나 엄마가 물러설 기색이 없다.

"선생님이 하라시는 대로 할게요."

2000년대 초반, 나름 잘 나가는 과외 강사고 수학문제은행도 창업한 관계로, 여기저기 공부법 강연을 많이 다녔다. 서울이든 대전이든 부산이든, 강연 후 질문 시간에 엄마들 궁금점은 비슷하다.

"어떻게 하면 공부 잘할 수 있어요?"
"서울대 가는 비법이 뭐예요?"

디테일은 강연 때 했으니 됐고, 딱 하나만 추가했다.

"텔레비전을 버리세요. 아이가 공부로 성공할 확률이 확 올라갑니다."

유튜브 없고, 스마트폰도 없고, 웹툰이나 웹소설도 그닥 힘이 없던 시절이었다. 텔레비전과 게임만이 아이들 정신을 사로잡던, 어찌 보면 적敵의 정체가 명확하고 단순해 지금보다 훨씬 평화로운 시대였다.

2003년 한 해에만 30군데 이상에서 공부법 강연을 했고, 3,000여 명의 엄마들을 만났다. 텔레비전을 버리면 내가 직접 가정을 방문해 아이 상태를 점검해주고 도움도 주겠다고 했다. 엄마들은 텔레비전을 버렸을까?

그중 딱 한 명만 텔레비전을 버렸다. (텔레비전을 버렸지만 내게 연락하지 않았을 수도 있다, 고 믿고 싶다.)

지나가 중학교에 들어가던 2000년대 말에도 텔레비전은 여전히 요물이었다. 지나 엄마는 집에서 텔레비전을 없애겠다고 했고, 지원 엄마는 거실에 장군처럼 버티고 서 있던 텔레비전을 안방으로 옮기겠다고 했다.

그렇게 나는 지나와 지원이를 가르치게 되었다.

세 살 지능 여든까지

초등학교 졸업 기념으로 두 가족이 일본 여행을 다녀온 후, 1월 중순부터 지나와 지원이는 국영수 수업에 돌입했다. 동갑내기 세은이도 합류했다.

화·목: 국어, 영어, 수학

토: 독서

중학생이 된 세 아이는 전교 3~10등 사이를 오갔다.

부모들 기대는 컸다. 자기들 딸이 영재라 믿었다. 공부도 야무지게 열심히 하니 당연히 명문대에 갈 거라고 확신했다.

내 판단은 달랐다. 꼬마 때부터 엄마들이 영어를 얼마나 시켰는지, 중1인데 고2 영어모의고사를 어렵지 않게 푼다. 지나는 독서논술 선생님인 엄마 영향으로 독서량이 또래보다 월등히 많았고 지원이와 세은이도 독서량과 문해력이 평균 이상은 됐다. 하지만 수학 재능이 특출나지 않았다. 상위 10%, 후하게 쳐도 5%를 넘지 않는다. 셋 다 수학 점수는 늘 100점이지만 그건 중학교 수학이라 그런 것일 뿐. 중학교 수학 100점이 고등학교 100점으로 이어질 확률은 낮다.

대단히 미안한 말이지만 수학 상위 1%는 세 살 무렵 결정된다. 더러운 세상이라 욕해도 할 수 없다. 무슨 말일까?

부모와의 애착, 정서적 안정, 언어 능력 획득, (좋은) 유전자의 발현, 인지 능력 폭발 등 '수학 상위 1%에 들기 위한 뇌 구조'가 세 살 때 완성된다는 말이다.

세 살 지능, 여든까지 간다.

선행학습의 진실

요즘엔 애들이 많이 줄어 고등학교 한 학년이 전국에 40만 명쯤 있다(1990년대에는 100만 대군이었다). 잔인하지만 등수를 매겨보자. 고등학교는 한 학년에 300명, 한 반은 30명을 기준으로 하고 재수생은 뺐다.

- 상위 50% (전국 20만 등, 전교 150등, 학급 15등)

평범한 아이들이 평범한 노력으로 오를 수 있는 등수다.

- 상위 10% (전국 4만 등, 전교 30등, 학급 3등)

이 정도도 평범한 아이들이 넘볼 수 있는 영역이다. 불타는 노력을 하면 올라갈 수 있다. 이 등수를 넘어서야 서울 시내 4년제 대학에 들어갈 수 있다. '인 서울' 말이다.

- 상위 5% (전국 2만 등, 전교 15등, 학급 1.5등)

처절한 노력에 유전자만 받쳐주면 어찌어찌 올라갈 수 있다. 여기를 넘어서야 스카이 문을 두드려볼 수 있다.

- 상위 1% (전국 4000등, 전교 3등, 학급 0.3등)

복잡하다. 영어는 노력으로 얼마든지 1%에 오를 수 있다. 국어는 재능이 있으면 훨씬 유리하지만 피나는 노력이면 1%에 오를 가능성이 크다. 수학은 다르다. 수학 1%는 전적으로 재능 영역이다. 영재급 재능에 노력을 더해야 오를 수 있는 경지다. 재능이 없으면 산을 옮기는 노력으로도 1%에 들어갈 수 없다. 차라리 조그만 산을 하나 옮기는 게 더 현실성 있다.

(1) 영재급 수학 재능은 어떻게 알아볼 수 있을까?

우리 아이 영재 같은데, 는 1%의 허약한 진실에 인지부조화가 99% 섞인, 대한민국 엄마들 레토릭일 뿐이다. 엄마는 엄마이기 때문에 아이의 영재성을 알아채기 힘들다. 제 아이를 가장 모르는 게 엄마다.

학원 레벨테스트로도 아이 영재성은 발견할 수 없다. 개연성 정도만 확인할 뿐이다. 노련한 수학 선생님이 그림자가 되어 몇 달을 지켜봐야 알 수 있다. 단, 선생님 본인도 영재여야 한다. 범인凡人은 영재의 영재성을 디테일하게 알아볼 수 없다. 그저, 잘하네, 정도만 느낄 뿐이다. (알아보면 그 사람이 영재다.)

(2) 선행학습은 영재학습이다

초등학생이나 중학교 1, 2학년이 수학을 몇 년치 이상 앞당겨 공부하는 게 선행학습이다. 왜 미리 공부할까? 왜 초등학생이 고등학교 수학을 공부할까?

서울대나 의치한약수(의대, 치대, 한의대, 약대, 수의대) 합격이 목적일 게다. 상위 1%에 들기.

하지만 아까 말했다. 영어와 국어는 노력으로 가능하다. 수학은 안 된다. 세 살 때 이미 정해졌다. 유전자를 새 것으로 교체하고, 타임머신 타고 과거로 돌아가 초기 양육 환경을 싹 바꾸지 않는 이상, 안 된다. 유전자 교체와 시간 여행은 현대 과학에선 불가능한 일이다.

될 놈은 선행 안 해도 되고, 안 될 놈은 죽어라 선행해도 안 된다.

(3) 선행학습의 믿음 구조

선행학습의 본질은 '진도 빼기'와 '반복'이다. 초중학교 때 고등학교 과정을 여러 번 돌리면 고등학교 가서 잘할 거라는 믿음. 정말 그럴까?

(상위 1%가 아닌) 초등학생과 중학교 1학년이 고등학교 내용인 '나머지 정리, 명제, 역함수, 극한과 미분'을 깊이 있게 이해하는 것, 불가능하다. 고등학생이 봐도 어렵다. (미안한 말씀이지만 엄마 아빠 고등학교 시절을 떠올려봐도 되겠다.)

(4) 푸는 애들이 있던데?

초등학생이 선행을 해서 미적분을 풀고 이차함수를 푸는 것, 가능하다. 어지간한 선생님이면 그렇게 만들어줄 수 있다. 개념 훑고 공식만 돌리면 어느 정도 풀린다. 문제는, 그게 고등학교 가서 실력으로 이어질까?

고등학교 내신과 수능에서 수학 상위권을 결정하는 건 심화 문제(킬러 문제, 준킬러 문제)다. 깊은 수학적 사고력이 없으면 심화 문제는 못 푼다. 선행으로 미리 공부한다고 도달할 수 있는 경지가 아니다.

그러니 초등학교와 중학교 때 할 일은, 몇 년 치를 미리 땡겨 어설프게 공부하는 게 아니라 제 진도에 맞게 문제를 풀면서, 수학 세계에 깊이 몰입하고 스스로 사고하는 능력을 키우는 일이다. 영재급 아이가 아니라면 말이다.

⑸ 그래도 하면 좋잖아. 뭐라도 남겠지

열패감이 남는다. 선행해서 성공하는 아이들이 '드물지만' 있다. 그 애들은 원래 영재급이었다. 나머지는 다 실패했다. 실패한 아이들은 잘 드러나지 않고, 성공한 아이들 스토리만 입소문을 타기에, 내 아이도 선행하면 성공할 것 같다는 믿음이 대한민국 전역에 쫙 깔려 있다.

⑹ 이 모든 걸 어떻게 아냐고?

그 수학 1%가 모이는 곳이 서울대고, 내가 거기 출신이다. 30년 넘게 수학을 가르치고 있고, 20년째 선행을 지켜보고 있다. 그러니 알지. 잘 알지.

재수 없는 말이지만 서울대생이 모이면 농담처럼 하는 말이 있다. 일단 미안하다는 말을 먼저 드린다.

"저렇게 한다고 서울대 오나?"

선행의 목적이 4%, 10%에 드는 것이라면 굳이 그 고생을 할 필요가 있을까? 차곡차곡 올라가도 도달할 수 있는데. 돈과 시간도 절약하고 아이 정신 건강에도 좋은데.

다시 한 번 경고한다. 영재가 아닌 애들이 막가파식 선행을 하면 오히려 망가진다. 안 되는 걸 꾸역꾸역 따라가려니 스트레스 쌓이고 정서도 불안해지며 정신 건강에도 크고 작은 문제를 남긴다. 강남에 소아정신과가 괜히 많은 게 아니다.

선행 학습이 유발하는 가장 큰 문제는 삶의 자세가 수동적으로, 회피형으로, 염세적으로 바뀐다는 점이다.

선행으로 몇 년을 소모한 아이는 어느 날 문득 이런 생각을 하게 된다.

"나는 내가 무엇 때문에 시작했는지조차 잊어버렸다."

니체가 했던 말이다.

⑺ 왜 선행학습 열풍일까?

1990년대 말, 강남과 분당에서 초등학교 고학년에게 고등수학(정석)을 가르치는 P학원이 엄마들 입소문을 타고 떼돈을 벌었다. 유사 학원도 속속 등장했다. 하지만 강남과 분당에 한정된 문화였다.

요즘엔 초등학교 저학년에게도 고등 수학을 가르치는데, 학원 대기생이 줄을 선다. 서울뿐만 아니라 부산, 대구, 광주, 제주 등 전국 학군지에서 벌어지는 일이다.

다시 말하지만 수학 재능이 1%가 아니라면 헛짓이다. 하지만 학원은 이런 논리로 엄마들을 설득하고, 엄마들은 믿고 싶은 대로 믿는다.

"처음엔 엉성해도 여러 번 반복해서 돌리면 완성된다."

20년 동안 지겹게 들어왔던 말이다. 한 번도 증명된 적 없는 주술呪術에 가까운 믿음이다. 단군 이래 최대 거짓말이기도 하다. 중1 때 어려웠던 개념이 중3 되면 저절로 채워지는 경우가 많다. 고등학교는 다르다. 틈은 잘 채워지지 않는다. 오히려 크레바스처럼 얄팍한 눈이 구멍을 덮어 안전하다 착각하고 살다가, 결정적일 때 그 구멍이 치명상을 주기도 한다.

⑻ 영재급 수학 능력이 없는 아이들, 평범한 99%는 어떤 스케줄로 수학을 공부해야 할까?

중1·2 방학 중: 한 학기 선행

중1·2 학기 중: 학교 진도와 맞게 심화문제 풀이

중2 겨울방학: 중3 전체 선행

중3 1학기:

case1 중3 선행 이해도가 훌륭하면 바로 고등학교 선행 시작

case2 이해도가 보통이면 중3 여름방학부터 고등 선행

case3 이해도가 엉망이면 중3 겨울방학 때 고등 선행

이래야 부작용이 없다. 다른 과목과 공부량 밸런스도 맞출 수 있다.

흔들리는 아이들

중학교 1학년 1학기 기말고사가 끝난 뒤 지나, 지원, 세은 세 부모 초대로 모인 자리에서 설명했던 내용이다. 결론은 두 문장이다.

"다들 똑똑합니다. 하지만 수학 재능은 보통입니다."

당황하는 빛이 보였지만 지나와 지원이 부모는 내 설명에 대체로 공감했다. 두 분 다 교수인 세은이 부모는 달랐다. 미소는 사라지고 어색하고 묘한 눈빛이 날아온다.

세은이는 초등학교 5학년에 중학교 선행을 끝마쳤다. 고등학교 선행을 반쯤 끝낸 상태에서 나한테 왔다. 화목토만 나와 공부하고 월수금엔 다른 학원에서 고등 선행을 계속 하고 있었다.

중1 가을이 되자 세은이는 고등학교 선행을 한 번 끝마친다. 기말고사 후엔 두 번째 선행을 돌린단다. 휴.

그동안 내 말만 믿고 선행에 초연했던 지나와 지원이, 세은이를 보고 별안간 조급해진다.

"선생님, 세은이는 벌써 고등 과정을 한 번 돌렸다는데 우리는 이렇게 해도 괜찮아요?"

"선행 안 해도 돼요?"

"다른 아이들도 엄청 선행 많이 해요."

"대부분 다 하는 것 같던데."

매주 같은 질문을 계속한다. 실체도 없는 불안이 아이들 내면을 잠식하기 시작했다. 액션이 필요하다.

선행이라는 함정

고등학교 때 배우는 '순열과 조합' 파트에서 아이들 수학 머리

일부를 엿볼 수 있는 문제들이 있다. 배우지 않아도 기본 수학 지능으로 풀 수 있는 문제들이다. 몇 개를 프린트 해 아이들에게 돌렸다.

"다섯 개 물감으로 A, B, C, D, E를 칠하려고 해. 똑같은 물감을 여러 번 사용해도 좋지만 이웃하는 영역은 서로 다른 색으로 칠해야 영역을 구분할 수 있겠지? 몇 가지 방법으로 칠할 수 있을까?"

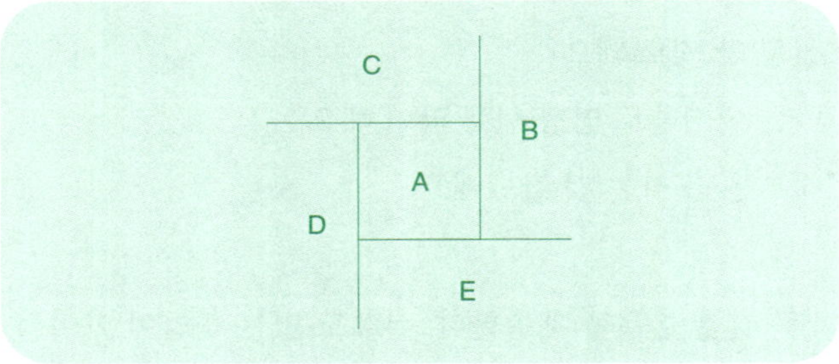

지나와 지원이는 심각한 표정으로 머리를 굴린다. 세은이는 다르다.

"선생님, 이거 팩토리얼 쓰는 문제죠. 아닌가. 순열이야 조합이야."

이래저래 말이 많다. 결과는?

지원이가 가장 먼저 풀었고 지나는 시간이 좀 걸렸지만 풀어냈다. 하지만 세은이는 이리저리 공식을 이용해 풀었다. 세은아, 왜 이렇게 풀었는지 아이들한테 설명 좀 해줄래, 했더니 못하겠단다. 그냥 학원에서 그렇게 풀었단다. (정답은 420가지다.)

오케이. 다음엔 공식이 통하지 않는 문제를 던졌다. 역시 지나와 지원이는 문제에 집중한다. 누구라고 말할 순 없지만 표정이 참 웃기다. 세은이는 손도 못 댄다.

"너 이거 선행했잖아. 정석에 나오는 문젠데."

셋 다 풀지 못했다. 설명해주니 두 아이는 알아듣는데 세은이는 집중을 못한다.

"세은아, 너 미적분까지 다 뗐다고 했지? 이차함수의 접선에서 무한無限이 어떻게 적용되는지 말해볼래."

"무슨 소리예요?"

① 이차함수 위의 (임의의) 두 점을 연결하는 직선을 그리면 이 직선은 이차함수를 관통한다.

② 왼쪽 점은 고정하고 오른쪽 점을 (이차함수 위에서) 왼쪽으로 조금

이동한다. 두 점을 연결하는 직선을 그린다.

③ 오른쪽 점을 왼쪽으로 조금 더 이동해서 직선을 그린다.

④ 이 작업을 계속하면서 오른쪽 점을 왼쪽 점 옆에 최대한 붙인다.

⑤ 최대한이 어디일까?

⑥ 왼쪽 점과, 최대한 붙은 오른쪽 점 사이에, 또다른 점이 들어갈 수 있다. 2와 2.1 사이에 2.01을 넣을 수 있는 것처럼.

⑦ 이 작업은 무한히 계속할 수 있다. 2와 2.01 사이에 2.001 등

⑧ 왼쪽 점과, 왼쪽 점에 가장 가까이 접근한 (가상의) 오른쪽 점 사이를 이은 게 접선이다. 두 점을 연결했지만 마치 한 점을 지나는 것처럼 보인다.

⑨ 방금 우리는 무한대를 다뤘다.

내 생각이 맞았다. 세은이는 그 많은 시간과 노력과 돈을 들여 고등 선행을 한 번 끝냈지만 개념 형성은 엉성했고 문제풀이는 기계적이었다. 선행을 계속 돌릴수록(학원 계획으로는 고등학교 입학 전까지 서너 번) 스스로 생각하는 힘은 억제되고 틀에 맞춰 푸는 기술만 늘어날 테다.

다시 한 번 세은이에게 권면勸勉했다.

"세은아, 고등학교 수학이 너무 어려우면 풀지 마. 네 학년에 맞는 어려운 문제를 많이 풀어도 고등 대비는 돼."

겨울방학 직전, 세은이는 더 이상 공부하러 오지 않았다. 본인 의지인지 부모님 뜻인지는 알 수 없었다. 예상했던 바다.

예상하지 못했던 일은 셋 중에 제일 똑똑했던 지원이 역시 공부를 그만뒀다. 마음속 미풍이 태풍이 되었나 보다. 세은이와 지원이가 새로운 학원에서 함께 고등 선행을 하고 있다는 소식을 지나에게 전해 들었다.

수학의 아름다움

친구들이 떠나자 지나도 흔들리는 눈치다. 그때 들려줬던 수업 내용이다.

"학교 선생님이 이런 말을 하셨다면서? 내가 생각해도 수학이라는 놈은 대학 이후의 삶에 별 쓸모가 없어. 물건 살 때 돈 계산 정확도를 올려주는 정도 외에는. 아마 농담으로 하신 말씀일 거야."

"농담 아닌데요. 진지하게 말씀하시던데."

이런. 어른이 되면 왜 수학 공부가 쓸모없다고 말할까? 수학을 계산(연산)으로만 보기 때문이다. 실제 이렇게 말하고 생각하는 어른이 많다.

틀렸다. 연산이 수학에서 차지하는 부분은 적다. 아주 적다. 게다가 연산은 기계가 더 잘한다. 그런 잡일은 컴퓨터에 맡기고, 우리 인간은 수학 공부를 통해 '패턴'과 '구조'와 '질서'를 파악할 수 있는 힘을 키운다. 그러면 이전에 볼 수 없었던 게 보인다. 그게 창조성이다. 어렵다고? 예를 들자.

반지름이 9인 원을 좌표평면 정중앙(원점)에 넣으면 이렇게 표현할 수 있다.

$$X^2 + Y^2 = 9^2$$

원 위의 어떤 점이라도 이 관계가 성립한다. 바꿔 말하면 원 위의 모든 점을 이 식 하나로 표현할 수 있다. 도형(기하학)이 방정식(대수학)으로 변하는 매직.

우리가 직접 원을 들고 이리저리 돌려보는 게 아니라 간단한 이차함수와 숫자 조작만으로 저 원을 '쉽게' 다룰 수 있다. 포물선, 타원, 쌍곡선도 마찬가지.

좌표평면이라는 신박한 플랫폼을 데카르트 할아버지가 발명한 거고, 덕분에 세상을 해석하고 다루는 우리 인간의 지적 능력이 한 단계 발전했다.

반대 방향도 있다. 페르마의 마지막 정리를 비롯해 대수 분야 어려운 증명 다수가 기하로 풀린다. (수학학원 이름 중에 페르마가 많다.)

서로 다른 분야가 연결되면서 새로운 결과가 탄생하는 것, 수학의 장점이자 매력이다. 오매불망 찾아 헤매던 창조성이 수학 공부로 가능하다는 말이다. (국어에선 은유가 그 역할을 한다. 318쪽 '은유 능력도 수학과 연결되어 있다' 참고.)

수학은 우리 시야도 넓혀준다. 뉴턴이 개발한 방정식은 지구를 먼 우주로 튕겨 나가지 않게 잡아주는 태양의 '보이지 않는' 힘을 '보여'주었다. 사과를 땅으로 잡아채고 달이 지구를 떠나지 않도록 잡아두는 바로 그 힘 말이다.

베르누이가 만든 방정식은 비행기를 공중에 뜨게 하는 '보이지 않는' 힘을 '보게' 해주었다. 라그랑주는 인공위성을 우주공간에 안정적으로 '주차'할 수 있는, 지구 주위 5개 지점(특히 L2)을 책상 위에서 펜으로 계산해냈다. 정조와 정약용이 활동하던 그 시절에 말이다. 덕분에 우리는 WMAP 등 우주 관측위성 여러 개를 L2 지점으로 보낼 수 있게 된다. 2021년 발사된 제임스 웹 우주망원경도 이곳에 주차되어 있다.

수학 공부는 우리 사유 자체를 다듬어서 생각의 넓이와 깊이를 확장해준다. 철학자가 수학도 열심히 공부하는 이유다.

선행학습과 문제풀이 수학으론 도달할 수 없는 경지다.

그래서일까. 서양인의 지적 사고엔 수학적 논리와 수학적 사고방식이 깊게 자리하고 있다. 첨단 산업은 물론 거의 모든 인류 의제議題를 서양이 최초로 시작하는 이유다. 하다못해 미국 독립선언문에 나오는 '우리는 다음과 같은 사실을 자명한 진리로 받아들인다'는 구절조차 수학 공리 체계를 그대로 인용했다.

진심을 담아 지나에게 말했다.

"세계에서 가장 많이 수학을 공부하지만 정작 수학의 아름다움을 조금도 맛볼 수 없는 너희들이 선생님은 안타까워. 선생님도 선행 학습을 시켜주면 편하지. 하지만 너희에게 해로운 일을 시킬 순 없어."

선행을 이기다

흔들렸던 지나는 이내 중심을 잡았다. 방학 때 한 학기 선행을 하고, 학기 중엔 심화문제를 열심히 풀었다. 최고난도 문제집 3권을 풀었다. 단순한 문제 풀이, 양치기는 아니었다. '생각하는 훈련'을 했다. 한 문제로 이틀을 고민하기도 했다. 중2 겨울방학 두 달 동안 수월하게 중3 수학을 다 끝냈다. 중1 때보다 수학 능력치가 쑥 올라갔다. 무리한 선행 없이 학교 진도에 맞춰 어려운 문제를 많이 풀었던 게 도움이 됐다.

중3 1학기를 시작하면서 지나는 '원하고 원했던' 고등학교 선행을 시작하며 나와 두 가지 약속을 했다.

- 고등학교 선행하는 동시에 중3 최고난도 문제도 계속 풀기
- 수학 공부 시간과 독서 시간 2:1 유지하기

왜 그랬을까?

두 아이처럼 지나도 상위 1%는 아니었다. 하지만 본인이 의대에 가려는 의지가 확고했기에 방법을 찾아야 했다. 사고력과 지적 능력을 강화하면 고등학교 때 판을 뒤집을 수도 있겠다 싶었다. 그러려면 수준 높은 교양 독서가 최고 전략이다.

고등학교에 들어가면서 지나를 하산시켰다. 한 번씩 전화로만 고충을 듣고 해결책을 같이 고민했다.

지나는 고등학교 3년간 내가 해준 말을 잘 지켰고, 유전자에 각인된 한계치(5~10%)를 깨고 당당히 2% 안으로 들어갔다. 희망하는 의대에는 진학하지 못했지만 본인이 의대 다음으로 원했던 수의대에 합격했다.

다른 아이들은 어떻게 되었을까? 셋 중 가장 똑똑하고 중1

겨울방학부터 선행을 맹렬하게 돌렸던 지원이는 고등학교에 가서 평범한 학생이 되었다. 세은이는 고1 1학기 기말고사를 끝으로 자퇴했다. 유학을 갔다는 말도 있고 국제학교로 갔다는 말도 들었다.

인간은 생각하는 갈대다

유튜브와 AI의 공통점은 뭘까?
떠먹여 주기 달인들이다. 어렵고 복잡한 문제라도 쉽게, 간단하게 설명해준다. 그래서 세상 살기가 조금 더 편해졌을까?
편해졌지. 말도 못하게 편한 세상이지. 하지만 잃은 것도 있다. 사고하고 고민하는 것은 원래 인간 고유 영역이었다. 유튜브와 AI 때문에 우리는 더 이상 깊이 사고하지 않고 오래 고민하지 않는다. 해석된 결과만 받아서 후루룩 짭짭 손쉽게 먹을 뿐이다.
사고하지 않고 고민하지 않는 사람은 스스로를 성찰할 수 없다. 편견, 오류, 아집에서 자신을 되돌이킬 수 없다. 잘못 들어선 길에서 되돌아 나올 수 없다.
내가 고민했던 지점이 이 부분이다. 어떻게 하면 지나가 더 깊이 사고하고 더 고민하게 안내할 것인가?
나는 지나에게 낯선 언어들을 제공했다.

빅뱅과 우주배경복사

자율주행과 칸트 철학

흉노와 하서회랑

광해군과 칠서지옥

미국의 '명백한 운명'

콜럼버스의 교환과 제주도 선인장

지나가 처음 만나는 언어와 개념은 지나 머릿속에서 크게 공명共鳴했고 멈추지 않는 질문을 생성해냈다. 지나에겐 그게 중고등학교라는 정신적 혼란기를 버텨낼 수 있는 힘이 되었다고 본다.

아이들은 지적 자극을 주면 쉽게 빠져든다. 사고하고 고민한다. 그리고 성장한다.

CHAPTER7

집중력이 없어도 괜찮아

"우리 아이는
수학을 일찌감치
포기했어요."

"집중력이
10분인 아이도 공부할 수 있을까요?"

수학을 포기하는 이유

승진이와 준수는 초4 꼬맹이 때부터 단짝이다. 3년간 같은 공부방에서 수학과 영어를 수강하던 둘은 초등학교를 졸업하면서 '수학을 배우러' 나한테 왔다.

승진이 엄마는 처음 인터뷰한 날 단호하게 말했다.

"승진이가 수학 때문에 스트레스받는 건 원치 않아요."

무슨 말인가 하니, 승진이는 초5 때쯤 수학을 포기했단다. 수학 따위가 내 아들 공격하는 꼴은 못 봐, 정도로 들렸다. 준수 엄마는 머리는 좋은데 공부 자체를 싫어하는 준수 때문에 걱정이라고 한다.

두 아이 모두 수포자, 즉 수학을 포기한 자란 말이다.

'흠, 어쩌라는 말이지.'

지켜보니 둘은 게임 중독이다. 한 녀석은 발로란트와 롤, 다른 녀석은 브롤인지 크롤인지를 하루도 빼지 않고 두세 시간씩 한다. 준수는 유행하는 춤은 다 따라 한다. 작년에는 슬링백인지 슬림백인지를, 나는 안 보겠다는데 굳이 보라며 층간소음 깨나 유발했다. 승진이는 TV 프로그램 〈나 혼자 산다〉에서 기안84가 〈무한도전〉을 봤다며 옛날 예능을 굳이 찾아보고, 대학엔 관심도 없으면서 연예인이 대학 학과를 찾아가는 유튜브 채널을 반복해서 시청했다.

"쌤, 미국하고 중국이 싸우면 누가 이겨요?"

"쌤, 대머리는 왜 되는 거예요?"

"쌤, 북한산이 북한에 있는 산이죠?"

"쌤, 쌤은 왜 제주로 왔어요?"

한 번씩 공부스런 질문도 한다.

"날이 추워지면 이슬점도 낮아져요?"

"우주로 나가면 얼어 죽어요?"

"중국은 공산주의라면서 왜 우리랑 무역해요?"

"강화 조약이랑 강화도 조약이 같은 말이죠?"

'강화도江華島 조약'은 1876년 조선과 일본이 맺은 조약이다. 우리가 아는 그 강화도다. '강화 조약'에서 강화講和는 영어로 peace. 이러면 단박에 이해한다.

공부 빼고는 대략 괜찮은 아이들인데 집중력이 문제다. 수학 공부 집중력이 10분을 못 넘긴다.

수학 못하는 아이를 가르치는 건 참 어렵다. 손이 많이 가고 정신도 쉬 피곤하다. 아이도 스트레스 선생도 스트레스다. 두 아이를 다른 학원으로 보내야겠다는 마음을 수십 번 품었다. 하지만 자고 일어나면 마음이 바뀐다. 어느 학원에서도 환영받지 못할 아이들, 받아준다 해도 꼽사리 취급당할 아이들. 그래서 내가 품었다.

반띵 공부법

내 수학 수업은 특이하다. 2시간 수업 중 처음 30분은 독서로 시작한다. 말랑말랑한 독서가 아니다. 내가 읽는 성인 교양서를 읽힌다.

당연히 처음에는 못 읽는다. 하지만 방법이 있다. 쇼츠는 따라올 수 없는 진중하면서 흥미로운 내용, 생각을 하도록 자극하는 내용, 피가 되고 살이 되는 내용, 학과 공부와 연결되는 내용. 이것들을 여러 책에서 뽑아 주제별로 묶어 30분씩 읽어 나간다.

아이들이 처음에는 어려워한다. 수학 때문에 왔는데 웬 독서, 라며 심드렁하다. 그래도 독서 때문에 그만두는 아이는 지금까지 없었다. 그렇게 1년쯤 지나면?

책을 술술술 읽는다. 이때부터 숙제로 발췌본이 아닌 책 한 권을 읽어 오게 한다. 문해력, 독해력, 온갖 력력력이 뿜뿜뿜이다.

다 그런 건 아니다. 승진이와 준수는 안 되더라. 어휘가 부족한데 집중력도 바닥이니 5분만 읽어도 표정이 '썩'는다. 읽기 자체를 괴로워한다. 자료 수준을 아무리 낮춰도 안 된다. 포기해야 하나?

나한테 왔으니 그럴 순 없다. 이럴 땐 말로 들려준다. 대화로 읽기를 대체한다.

준수는 음모론과 우주에 관심이 많고, 승진이는 지리 상식에 호기심을 보였다. 그래서 수학 수업은 프로메테우스가 결박되어 있던 코카서스 산맥에서 출발해 아시아 넓이의 30%를 차지하는 시베리아를 동쪽으로 내달려, 유라시아 대륙 동쪽 끝 축치반도에 도착하고, 베링해협을 건너 남쪽으로 내달려 캘리포니아에서 1달러 음모론과 만난다. 바로 아래 멕시코에서 빗물에 떠내려 바다로 간 선인장이 태평양을 흐르고 흘러 제주도 월령에 정착했고, 너희들이 먹고 있는 백년초 초콜렛이 그 선인장의 수천 대 후손이라 말해주었다.

게임 하지 마라. 쇼츠 때문에 뇌가 썩는다. 대학 가면 마음껏 해라. 니들이 밥을 굶냐 책을 못 사냐. 수학은 꼭 하자.

나 역시 소싯적에 많이 해본 잔소리다. 효과 없다. 듣는 애나 말하는 어른이나 짜증만 쌓인다. 참신한 대책이 없을까?

내가 수학 수업을 독서로 시작하는 이유다. 지적 자극을 주면, 월등하고 압도적 지식을 전해주면 아이들 눈빛과 태도가 진지해진다. 상위권 아이들에게는 좁고 깊은 지식이 좋고(우주배경복사 등), 하위권 아이들은 여러 분야를 넘나드는 다채로운 지식에 호응한다. 아무리 수포자라도 지적 자극에는 반응한다. 지난 30년간 예외 없이 그랬다.

어쨌든 이렇게 지구를 반 바퀴 돌고 나면 수학 공부 시작하기가 한결 수월하다.

수월해진다고 했지 오래간다고는 안 했다. 10분쯤 지나면 마주 앉은 두 녀석 사이로 분주한 눈빛이 날아다니고, 두 아이 입꼬리는 점점 더 귓볼에 가까워진다. 지들 맘대로 휴식 시간이다. 그러고 나면 또 10분은 집중한다. 노래 부르고 춤도 추면 또 10분. 간식으로 초코파이를 주면 느릿느릿 먹고 또 10분. 내 생애 처음 해보는 10분 공부법이다.

이게 뭔가 싶다. 속에서 뜨거운 불덩이가 묵직하게 올라온다. 화병과 공황장애가 쌍으로 올 것 같다. 이 나이 먹고 이렇게까지 해야 하나.

그런데 생각을 바꿔 먹으니 유레카다. 하위권 아이가, 수포자가 10분 공부 10분 휴식으로 두 시간을 채우면 한 시간은 공부한 거잖아.

오호라. 이거 신박한데? 이름하여 '반띵 공부법'이다.

공부로 성실을 연습한다

반띵 공부법을 2년쯤 하고 중학교 3학년이 되자 기적처럼 두 아이가 수학 공부에 맛을 들일, 리가 있겠나. 똑같지. 하지만 두 녀석, 10분 집중력은 변함없는데 2시간을 채우는 게 갈수록 쉬워진다. 그렇게 공부 루틴이 체내에 단단히 생성되었다.

성실 지수는 만점에 가깝도록 올라왔다. 1학년 1학기엔 땡땡이도 많이 쳤는데, 그 후론 와서 놀면 놀았지 한 번도 수업을 빼먹지 않는다. 중3이 되었으니 주 2회에서 3회로 수업을 늘리자니 순순히 그러겠단다.

승진이는 수학 점수도 많이 올랐다. 30점 언저리에서 박스권이던 점수가 2학년 때 곱빼기로 올랐고, 3학년 내내 70점대를 유지한다. 실수만 안 했으면 80점대라고 진심으로 안타까워하는 모습이 시험 후 고정 의례다. "승진아, 실수가 실력이야"라고 차마 말은 못했다. 머리는 좋지만 공부를 극혐하는 준수는 60점대에서 시작해 중3 내내 80점대를 유지했다. 딱 한 번 90점을 넘었는데 찍신이 강림해 15점을 선사했단다.

이번 중3 겨울방학은 고등학교 입학을 앞두고 있기도 하니 토요일과 일요일 빼고 매일 보자고 했다. 순순히 왔을까?

그럴 리가. 간식으로 꼬셨다.

제주에 눈 내리는 날, 20분 늦게 와서 살짝 눈 흘기려 했더니 해맑게 눈덩이를 흔든다. 샤프 뚜껑, 샤프심, 이쑤시개로 그럴싸한 눈사람을 만든다. 수제 돈가스처럼 수제 눈사람이란다. 역시 국어 실력이 늘었다.

다음 날 아침엔 30분이나 늦게 왔다. 새벽부터 눈 폭풍이라 그 핑계로 안 올 줄 알았는데 온 것만 해도 기특하다. 손에는 또 눈덩이. 어제보다 크다. 그건 왜?

“키울 거예요.”

3층 창을 열고 화분 놓는 자리에 올린다. 그렇게 눈덩이는 창밖의 사람이 되었다. 진짜 크려나?

수업 내내 킥킥대며 수학 풀다가, 웃다가, 풀다가, 농담하다가, 한 번씩 창으로 가 눈덩이 사이즈를 확인한다. 진짜 커지면 대박이긴 하다.

9시에 와서 12시면 마치는데, 샘이 오늘 돈가스 사줄게 3

시까지 있다가 갈까, 하니 3초쯤 고민하다, 햄버거가 좋아요, 한다.

잭슨 피자, 알볼로 피자, 도미노 피자, 롯데리아, 맘스터치, 버거킹, KFC, 던킨도너츠, 실타래 팥빙수, 용 꽈배기, 떡볶이, 김밥.

겨울내내 돈 많이 깨졌다. 동네 상권이 조금이라도 부활했길.

수학도 인생이다

꽉 채운 3년이다. 상위권에서 내려다보면 승진이와 준수는 그저 그런 아이로 보일 게다. 하지만 아래층과 반지하에도 사람이 살 듯 내 눈엔 세상 누구 못지 않은 귀한 영혼들이다.

둘 다 수학에 진절머리 치면서 내게로 왔지만 이젠 수학을 극혐하지 않는다. 뭐, 그렇다고 친해졌다는 말도 아니다. 불가근불가원不可近不可遠, 가깝지도 않고 멀지도 않다. 고등학교 가서도 3년 내내 동행해야 할 지인 정도로는 여긴다.

아마도 수학 점수가 드라마틱하게 오르는 일은 일어나지 않을게다. 내신은 그렇다 쳐도 모의고사 고난도 문제는 두 아이를 사정없이 찔러댈 테다. 하지만 두 아이는 수학을 포기하지 않을 거라 확신한다. 남들 보기엔 우스워도 저희들 속도에 맞춰 3년 내내 수학에 달라붙어 있을 것이다. 그 무던함과 깡다구로 대학, 연애, 군대, 취업, 결혼, 가정, 사회생활에서 '포기를 모르는 단단함'을 발휘할 것이라 기대한다.

어쩌면 내가 가르친 건 수학이 아니라 인생이었구나 싶다.

준수는 인문계 고등학교에 진학했고, 승진이는 인문계와 실업계를 고민하다가 H공고를 택했다. H공고는 승진이가 입학하는 해부터 '항공우주분야 위성조립' 협약형 특성화고로 변신했다. 한화시스템이 주관하고 교육부 45억, 제주도청 30억, 교육청에서 60억을 5년간 지원한다고 하니 제발 약속들 꼭 지키시길 부탁드린다.

2025년 3월 초, 두 아이 겨울방학 일정을 끝낸 후 나는 서울로 본거지를 옮겼다. 서울에서 제주와 가장 닮은 곳이라 은평뉴타운을 택했다. 그곳에서 향후 10년은 곤경에 처한 아이들을 찾아내고 돌볼 것 같다. 하지만 두 아이의 고등학교 3년을 지켜주기 위해 주말이면 제주행 비행기에 오른다. 이제 고등학생이라 금요일과 토요일에 보는 두 아이, 3년간 또 얼마나 성장할까.

"하위권이 굳이 수학 공부를 해야 해?"

맞기도 하고 틀리기도 하다. 수학 점수는 포기해도 된다. 하지만 수학 공부는 놓지 않았으면 한다. 수학은 패턴 인식 능력, 문제 해결 능력, 깊은 사고, 논리적 사고를 선물한다. 인공지능과 소통하기 위해 반드시 필요한 능력들이다.

그러니 일찌감치 수학을 포기한 아이들아. 어려운 문제는 안 풀어도 된다. 가급적 학교 진도에 맞춰 중학교 3년과 고등학교 3년, 수학의 기본 개념과 기본 문제는 풀고 사회로 나가자.

평범한 사람이
평범하게 살 수 있는 세상

"선생님, 3월부터는 학교 마치고 바로 가도 돼요?"

보통은 집에 가서 씻고 간단하게 요기도 하고 오는데 앞으로는 바로 오겠단다. 방과 후 활동으로 배드민턴을 한 학기 내내 치게 되었다면서.
그러라고 했더니 진짜 온다. 온몸이 땀범벅이다. 발냄새도 심해서 바로 화장실로 보낸다. 깨끗한 발에 저도 기분이 좋았는지 생글생글 웃으며 가방에서 김밥을 두 줄 꺼낸다.

"승진아, 컵라면은 내가 줄 텐데 왜 김밥을 두 줄이나 샀어?"
"준수가 한 입 달라고 할 것 같아서 아예 한 줄 더 사왔어요. 쌤, 김밥이 한 줄에 4,000원이나 해요. 너무 비싸요."

한 번으로 끝날 줄 알았는데 몇 달째 김밥을 두 줄씩 사온다. 한 번씩 핫바나 삼각김밥으로 베리에이션을 주기도 하는데, 개수는 늘 두 개다. 친구를 위하는 마음이 예뻐서 눈물이 나려고 한다. 다른 학원 보냈더라면 저 아름다운 마음씨를 못 볼 뻔했다.
거의 확실한 확률로 승진이와 준수는 평범한 대학에 갈 것이다. 군대를 마치고 대학을 졸업하면 평범한 직업을 가지고 평범한 삶을 살게 될 것이다.

거짓말이다. '신자유주의'와 '능력주의'가 기본값이 되어버린 사회에서 '평범한' 삶은 특별한 사람에게나 허락되는 것이니.
고등학교 입학하고 3주나 지났나. 승진이가 웃으며 말한다.

"선생님, 이 책 보실래요?"

'승강기 기능사' 기출문제다. 다다음 주 일요일에 자격증 필기시험을 본단다. 학교에서 언급하는 자격증은 다 따겠다고 다짐한다. 멋지다. 우리 승진.
승진이처럼 맘씨 고운 사람이, 보통 사람이, 부유하게 살지는 못하더라도 평범하게는 살 수 있는 사회를 꿈꾼다. 평범이 유토피아가 되는 시대니 꿈 깨라고 한다면 평범 가장 밑단에라도 그 삶이 바짝 붙어 있기를 소망한다.
내가 아이들과 공부를 하고, 인문학 책을 쓰는 이유 중 하나다.

CHAPTER8

통제와 방목 사이에서

"게임 중독,
스마트폰 중독은 어떻게
대처해야 할까요?"

빛날 아이는 반드시 드러나게 되어 있다

2010년대 중반 봄, 제주 노형동에 있는 작은도서관에서 '성인을 위한 인문학'을 강의했다. 수요일 10시부터 12시까지. 그때 연희 엄마를 만났다.

몇 주 후, 중학교 2학년 연희가 수요일 저녁 '중학생을 위한 인문학' 수업에 들어왔다. 하지만 낭중지추囊中之錐, 주머니 속 송곳처럼 뛰어난 재능은 아무리 감춰도 드러나는 법, 연희는 토요일 고등학생 수업으로 월반한다.

고등학생을 위한 토요 교실

1교시(9-11시): 독서, 논술, 인문학

2교시(11-13시): 영어 철학 원서 특강

"과제로 낸 김승옥 소설 《서울, 1964년 겨울》 읽어 왔지? 이 그림과 공통점을 찾아볼까?"

《볼가강에서 배를 끄는 인부들》 일리야 레핀

정답은 없다. 아이들이 '생각이란 걸 하게' 하기 위해 내가 자주 쓰는 방법이다. 두 작품 모두 절망이 주된 분위기인데 15명 남짓 언니, 오빠, 고등학생들 대답이 고만고만 비슷하다. 연희야 너는 어떻게 생각하니?

"희망이 보입니다."

깜짝 놀랐다. 내가 원했던 답이지만 지난 10년 넘게 어떤 아이도 말하지 않았었다. 모른 척 물었다. 왜 그렇게 생각해?

"표정이나 몸짓을 보면 다른 인부들은 하층민으로서의 자신들 처지를 체념한 것 같아요. 순응하는 모습도 보이고요. 중간에 선 청년은 달라요. 얼굴에 불만이 가득하고 몸짓에선 반항이 보여요."

"그게 왜 희망이지?"

"선생님께서 언젠가 그러셨잖아요. 세상이 불편한 자, 세상에 반항하는 자만이 세상을 변화시킬 수 있다고."

내가 그랬었나.

"청년 혼자만 고개를 꼿꼿이 들고 정면을 바라보고 있어요. 희망을 찾는 것 아닐까요? 게다가 목에는 십자가 목걸이."

"그럼 김승옥 소설은 왜 희망이니? 교과서에서 배웠듯 이 소설은 젊은이들의 불안, 고독, 소외를 다루고 있잖아."

"맞아요, 선생님. 하지만 소설 마지막 대사가 강렬해요. '김 형, 우리는 분명히 스물다섯 살짜리죠? 두려워집니다. 우리가 너무 늙어버린 것 같지 않습니까?'"

"반성하는 사람은 변할 수 있지 않을까요? 그래서 희망이 있다고 생각해요."

세상을 고작 15년 살아본 학생 입에서 나온 말이다. 저 해석은 수능 문학 문제에 진짜 드물게 등장한다. 선행은커녕 공부 자체에 흥미가 없는 연희가 그 문제를 보고 말했을 가능성은 낮다. 서울대 인문대 2학년도 이 정도 분석과 해석은 힘들다. 내 이야기다.

사기캐, 연희

J여중 2학년인 연희는 사기캐다. 털털하고 시원한 성격. 제주도지사가 주는 상도 받은 작문 실력에 웹툰 작가 빰치는 그림 솜씨. 구기球技 종목에 소질이 있고 체력도 좋다. 설렁설렁 공부하는데 전교 5등 근처에서 논다. 남학생은 물론 여자 후배들도 졸졸졸 따른다.

연희 엄마는 성인 인문학 수업 중에, 티타임 때, 수업이 끝난 후에도 기회만 생기면 속내를 툭툭 던진다.

"우리 연희 공부 좀 가르쳐주세요."

어쩌면 연희 엄마는 나를 탐색하고, 소문과 같은 사람인지 확인한 후, 아이에게 전환점을 마련해주려고 성인 수업에 들어왔을 수도 있겠다.

당시 아내와 나는 곽지해수욕장 바로 옆 노인들만 사는 조용한 마을에 보금자리를 마련하고 꿈같은 슬로우라이프를 누리던 중이었다. 늦봄부터 초가을까지 아침마다 조깅한 후 바다 수영을 즐겼는데 집에서 바닷'물'까지 3분 컷이다. 바다에서 미역 건져 초장에 찍어 먹고, 해풍 맞고 자란 방풍으로 장아찌를 해먹었다. 가족이나 지인이 놀러 오면 마당에서 바다를 배경으로 삼겹살을 구워 먹고, 커피를 마시고, 살랑살랑 바닷바람에 석양을 누렸다. 4대손까지 늘어난 길고양이 가족 역시 우리 식구였다.

당시 도서관 수업만 나가고 당분간 아이들은 안 가르칠 계획이었다. 그래서 연희 엄마 제의는 번번이 고사했다.

연희가 2학년 여름방학이 끝날 무렵, 연희 엄마는 정갈한 일식집으로 나를 초대한다. 연희, 연희 엄마, 나. 사실 갈 때부터 마음먹었다. 연희 엄마가 보여준 6개월 삼고초려三顧草廬를 더 이상 외면할 수 없었다.

"연희야, 어차피 토요일만 볼 수 있으니 다니는 학원들은 일단 계속 다녀라. 두 달 정도 지켜본 후 다시 의논하자."

매주 토요일 1시쯤 도서관 수업이 끝나면 연희를 포함한 학생 4명을 차에 태워 맛집들 돌며 점심을 사 먹이고, 30분쯤 달려 곽지 우리집으로 데려왔다. 저녁 10시에 엄마들이 교대로 아이들을 데리러 올 때까지 서재에서 함께 공부했다.

두 명은 두세 번 수업 후 그만뒀다. 서울대 나온 선생님이, 서울에서 과외로 유명했다는 선생님이 별다른 강의 없이 질문만 받고 자기들 공부하는 모습을 꼼꼼히 관찰하는 게 생경

하고 미덥잖았나 보다. 둘 중 한 아이는 나와 호흡을 맞추면 크게 점프할 아이였는데 지금 생각해도 아쉽다. 역시 인생은 줄탁동시다.

남은 아이는 연희와 다빈이였다. 빈둥거려도 전교 5등인 연희와 최선을 다해 전교 6등이 된 다빈이는 성격도 반대, 스타일도 반대였다. 두 아이는 많은 면이 달랐지만 희한하게 케미가 맞는 단짝이다. (다빈이가 연희를 잘 맞춰주는 스타일이었다.)

통제하는 부모가 아이에게 미치는 영향

연희 아빠는 스카이를 졸업한 뒤 대기업에서 일하다, 고향 제주로 돌아와 통신 계통 연구소에서 연구원으로 근무하고 있었다. 엄마는 석사 과정 수료修了 후 전업 주부로 돌아섰다. 두 남매를 케어하기 위해.

연희 집안은 구성원 모두가 특이한 캐릭터였는데 그중에 제일은 친할머니였다. 제주의 강남이라는 노형동에 있던 본인 땅에 8세대가 들어가는 빌라를 짓고 본인 부부, 큰아들(연희네), 작은아들, 큰딸 가족을 차곡차곡 입주시켰다. 웃기는 건 빌라 이름이 큰아들 이름도 아니고 큰딸 이름도 아닌 연희 빌라다. 연희가 황급히 입을 막았지만 다빈이가 말해줬다. 인터넷 지도에 이름을 쳐보니 정말 나온다.

나 같으면 할머니 땡큐, 하겠는데 연희는 스트레스라고 했다. 자기 이름이 빌라 정면에 떡하니 붙어 있는 것도 스트레스, 아침저녁으로 계단에서 어른들을 마주치는 것도 스트레스, 아들에 이어 손녀까지 명문대에 보내야 한다는 할머니 관심도 스트레스, 자잘한 일탈과 사고로 학폭 처벌까지 받은 한 살 터울 남동생도 스트레스였다.

이 모든 것을 뛰어넘는 스트레스는 사랑하는 엄마로부터 왔다. 논문만 쓰면 석사 학위를 받을 수 있었는데 연희와 동생을 출산하면서 자연스레 석사 수료에서 멈춘 엄마는 연희에게 모든 걸 건 듯했다.

연희가 꼬맹이 때 연희 가족은 제주로 귀향한다. 정확히 따지면 아빠만 귀향이고 연희 엄마, 연희, 연희 동생은 고향인 강남을 떠나야 했다. 강남맘 연희 엄마는 그렇게 노형맘으로 체인지할 운명이었으나 오히려 노형동을 '제주의 대치동'으로 만드는 데 주도적 역할을 하면서 운명을 개척해나간다.

오리지널 강남 엄마 중에서도 정도가 심한 분은 이렇게 요청하기도 한다.

"우리 애는 합성함수 고난이도 문제에서 실수를 많이 하고, 김광섭 등 주지주의 시인들을 어려워해요. 잘 부탁드려요."

진철이 엄마는 아들의 학원 세부 진도와 이해도까지 체크하고 관리하는 관리와 통제 끝판왕이었다. 다행히 진철이는 큰 스트레스 받지 않고 무난히 연세대 의대에 합격했다.

집 안에 폭포가 흐르는 서초동 고급 빌라에 살던 정연이는 놀라지 마시라, 엄마 아빠 모두 서울대 법대를 나왔다. 아빠는 현직 서울 법대 교수였고 엄마는, 내밀한 사정은 모르겠지만 전업주부였다. 언니 희연이와 정연이의 시간은 엄마 손바닥 위에서 놀았다. 둘은 무난히 서울대에 합격했고, 정연이는 현재 인문대 강사로 살아가고 있다. (정연이는 대학에 입학하면서 폭주했다. 자세한 내용은 말하지 않겠다.)

극단적으로 잘 된 케이스만 이야기했다. 진철이와 정연이는 엄마가 유발하는 스트레스를 잘 흘려보내는, 하늘이 내린 성격을 가졌기에 가능했다.

게임 중독, 스마트폰 중독

부모 통제에 비례해서 엇나가는 아이도 있다. 서울 잠원동에 사는 우성이는 내가 가르친 아이들 중 수학 재능으로 다섯 손가락 안에 드는 영재급 중학생이었다. 부모 기대는 컸다. 어느 부모가 안 그럴까.

아빠가 문제였다. 대기업 임원으로 재직하다 뜻하지 않게 퇴직하게 된 아빠는 집착 수준으로 우성이를 통제했다. 생활은 말할 것도 없고 내 수업 내용까지 다시 확인하는 슈퍼 오지라퍼였다.

우성이를 몇 달 지켜보니 패턴이 보였다.

① 진지한 표정으로 공부에 집중한다. 친구들에게는 생글생글 세상 편한 얼굴이다.

② 공부 시간에 무기력하다. 걸핏하면 책상에 엎드린다. 아무에게나 짜증을 낸다.

③ 눈에 초점이 없다. 깊이를 가늠할 수 없이 멍한 눈빛이다.

시발점과 경과는 알 수 없지만 나와 만났을 당시 우성이는 하루라도 게임을 하지 않으면 입안에 가시가 돋는 상태였다. 그 가시는 대단히 날카로워 우성이의 멘탈을 사정없이 흔들었다. 하지만 우성이 아빠는 우성이가 게임하는 걸 철저히 막았다. 피시방 출입금지는 당연하고 휴대폰도 인터넷이 안 되는 2G폰이었다.

우성이는 1번과 2번 상태를 왔다갔다 했다. 30분이라도 게임을 하고 온 날이면 1번, 그렇지 못한 날은 2번이다. 2번 상태가 지속되면 3번으로 심화되기도 했다.

나는 우성이의 시선을 게임에서 돌리기 위해 많은 걸 시도했다. 똑똑한 아이니까 일단 지적 호기심을 자극하기 위해 다양한 두께와 너비로 접근했으나 전혀 관심을 보이지 않는다. 다른 아이들은 사생결단 덤비는 끝말잇기 내기도 심드렁했다. 같이 공부하는 친구 세 명과 탁구장으로, 야구 연습장으로, 가끔씩 수업을 '째고' 떡볶이 먹고 팥빙수 먹고 이것저것 먹으러 다녔다. 하지만 그때뿐이었다.

조잘조잘 세상 밝은 친구들 사이에서 좀비처럼 책상 위에 널브러져 있는 우성이를 보고 깨달았다.

'게임이 저 아이 영혼을 완전히 포박捕縛했구나.'

생각을 바꿨다. 바꿔야 했다. 30분 토막 게임으로도 저렇게 행복해할 수 있다면 차라리 허용하는 게 낫지 않을까.

우성이는 희망의 빛을 본 듯 환한 얼굴로 말했다. 다다익선이긴 하지만 하루 30분 게임으로도 만족할 수 있다고 했다. 최선책은 모르겠고 차선책은 되겠다. 어른들도 업무 사이사이 담배 피우고 커피 마시며 한 숨 돌리니까.

우성이 아빠를 만나 아이 숨통을 틔워주시라 권고했다. 실제로 그렇게 관리해서 공부의 끈을 놓지 않고 고등학교에 가서 스스로 게임을 끊은 아이도 있고, 게임을 계속 했지만 적당한 선을 지키며 대학에 진학한 아이도 있다. 내게는 그런 성공 사례가 많다. 하지만 우성이 아빠는 내 말을 듣지 않았다. 공부든 직업이든 성공해봤던 아빠에게서 흔히 보이는 완고함이다.

우성이는 중2가 되면서 폭주한다. 여전히 아빠를 무서워했지만 조금씩 피시방을 출입했다. 혼나고 반항하길 되풀이하며 아기 살결처럼 보드라웠던 아이의 영혼은 시멘트 바닥인 양 둔탁해져갔다.

얼마 후 우성이는 내 품을 떠났다. 친구들에게 전해 듣기론 주말이면 반半 가출 상태로 피시방에서 여러 번 날을 샜다고 한다. 아빠는 미친 듯이 피시방들을 뒤져 우성이를 찾아내고. 그러다 결정적으로 아빠가 우성이를 포기하게 된 사건이 발생했다. 그날도 집에서 먼 피시방에서 놀다 자신을 찾아낸 아빠와 마주친 우성이는 앞뒤 보지 않고 도망치다 차에 살짝 치였다. 그 모습을 본 뒤에야 우성이 아빠는 아이에 대한 통제를 내려놓았다고 한다.

호미로 막을 수 있었을 걸 가래로도 못 막을 수 있다. 앞에서 말했듯이 독도 잘 쓰면 약이 된다. 독과 약은 한 끗 차이고 독과 약을 구분하는 경계는 양量이다.

몇 년 후 대형마트에서 우연히 우성이 엄마를 마주쳤다.

"선생님, 변함없으시네요."

"우성이는 잘 사나요?"

"네."

"우성이 보고 싶네요. 이제 어른이 다 되었겠어요. 우성이, 어느 대학 갔어요?"

말을 흐리는 엄마 표정에서 민망함과 씁쓸함이 흐른다.

자유로운 영혼을 지키려면

연희는 우성이와 다른 결로 '자유로운 영혼'이었다. 게임이나 스마트폰엔 관심이 없고 웹툰 보기 정도가 유일한 취미 생활이었다. 연희 관심은 온통 세상으로 향했다. 가부장제, 남성과 여성, 어른과 청소년, 중앙과 지방 등 자신을 억누르고 있(다고 생각하)는 위계 문제에 분개했고 답답해했으며 탈출구를 찾으려 했다.

하지만 연희 엄마는 상식과 당위, '엄마가 지금까지 너를 위해 얼마나 많은 걸 포기했는데' 논리로 연희를 에워쌌고, 학교와 학원과 집을 연결하는 단조로운 삼각형 안에만 아이를 매어 두고 있었다.

연희가 공부를 느슨하게 하는 건 그렇게 해서라도 숨을 쉬어보려는 간절한 의지로 보였다. 우성이는 파업을 했고 연희는 태업을 했다. 파업은 일을 안 하는 것이고, 태업은 일을 하긴 하지만 제대로 안 하는 것이다. 이런 상태는 비단 공부에만 국한되지 않고 인생 전 단계로 확산될 수 있다.

연희야, 너는 학교생활에서 뭐가 제일 힘드니, 했더니 마음 아픈 소리를 한다.

"쌤, 저는 학교에만 들어가면 정말 편해요. 학교 마치고 교문 밖을 나오는 순간부터 힘들어요. 엄마가 학교 근처에 차를 대고 저를 기다리고 있거든요."

"선생님, 저는 토요일이 유일한 힐링 시간이에요."

두 달까지 갈 것 없었다. 네 명 중 두 명이 나가버린 한 달 후, 연희 엄마를 만났다.

수학학원은 그만두시라. 영어학원도 필요 없다. 다시 다닐 시점이 되면 말씀드리겠다. 내가 뭘 시키든 간섭 마시라. 연희가 집에서 딴짓을 해도 그냥 놔두시라. 그러면 가르치겠다.

소통 포인트 만드는 법

30년 넘게 아이들 그림자가 되어 아이들과 엄마들을 관찰한 중간 결론이다.

'대한민국 대다수 엄마는 아이를 위해서 영혼이라도 바칠 수 있지만 그 아이 영혼 속으로 한 발짝이라도 들어갈 수 있는 엄마는 거의 없더라.'

영혼은커녕 한약 한 봉지 먹일 수 없다. 중3 태진 엄마가 한약 상자를 들고 왔다. 마음속 설레발이 먼저 나댄다. 뭘 또 이런 걸 다.

"선생님, 제가 먹이려니까 짜증만 내요. 선생님 말은 잘 들으니까 선생님께서 수업 전에 하나씩 먹여 주세요. 부탁드려요."

날고 기는 서울대 교수라도 부모 말이라면 간섭과 잔소리로 튕겨버리는 게 아이들이다. 도대체 아이는 어떤 어른 말을 들을까?

① 인격적으로 우러러볼 수 있는 어른

② 지적知的으로 아이를 압도할 수 있는 어른

연희가 나를 크게 신뢰하는 건 눈빛과 태도에서 느낄 수 있었다. 하지만 대화 접점을 찾기가 어려웠다. 연희는 단답형으로 대화를 끝낸다. 권위적인 집안 분위기 때문인지 남자 어른과 길게 대화하는 걸 힘들어했다. 어떻게 하지?

여러 번 실패 끝에 접점을 찾을 수 있었다. 연희와 다빈이는 일본 애니메이션과 캐릭터에 관심이 많았다. 연희는 관련 굿즈를 엄청나게 사 모으고 있었다. 둘 대화에서 흘러나오는 소리로 알게 됐다.

넌지시 공감해주니 두 아이, 신났다. 주거니 받거니 10분을 넘게 조잘거린다. 우연히 나왔던 단어가 지금도 귓가에 남아 있다.

'예쁜 쓰레기'.

자신들 취미 생활을 부모에게서 공감받지 못한 아이들이 소중한 애착품을 자조하면서 붙인 명칭이다. 솔직히 나도 돈이 아깝다는 생각이 들었지만 우리 어른이라고 다른가 뭐.

일본에 대해선 어지간히 아는 눈치라 쉽게 접할 수 없는 지식들로 접근했다.

- **예술**

- 우에노 국립서양미술관 야외, 로댕의 '지옥의 문'과 '생각하는 사람'
- 유럽 인상파 화가, 특히 고흐가 극찬한 우키요에와 자포니즘

- **여행**

- 일본 빵이 맛있는 이유
- 니시닛포리 팥빙수 가게

- **인물**

- 도쿠가와 이에야스와 에도(동경)
- 후쿠자와 유키치와 김옥균

- **극단極端**

- 시오노 나나미와 군국주의
- 일본 극우

- **정치**

- 전쟁과 군대를 법으로 부정한, 세계에서 가장 아름다운 일본 헌법
- 요시다 쇼인과 이토 히로부미

- **학문**

- 나가사키 인공섬 데지마를 통해 200년 넘게 서양 문명과 학문을 수용함
- 철학, 종교, 경제, 사회, 물질, 원자, 세포, 물류 등 근대 일본이 만든 어휘

- **종교**

- 스모는 신 앞에서 부리는 재롱 잔치
- 마네키 네코는 원래 고양이가 아니라 여우

- **과학**

- 운석을 사올 수 있는 일본 과학관 기념품숍
- 도쿄 시내에서 치과 외에 개인 병원 보기가 힘든 이유

- **문화**

- 귀신보다 심심함이 더 무섭다, 요괴 문화
- 테일러 시스템과 회전 초밥

그렇게 한 주에 하나씩 작은 소재를 골라 아이들과 지적인 대화를 나눴다. 피서객이 떠나간 곽지해수욕장 야영장 벤치에 앉아서, 한담 해변까지 걸어갔다 오며, 바닷가 난간에 기대

석양을 보면서, 팥빙수를 먹으며, 치킨을 뜯으며.

두 아이는, 특히 연희는 눈을 반짝거리며 대화에 몰입했고 수다스러울 정도로 질문이 많았다. 그동안 내가 본 연희는 절반의 어두운 쪽 연희였다.

대화를 이어갈 또 다른 포인트는 역사와 철학이었다. 그 나이 또래 여학생들이 상당수 그렇듯 둘은 세상을 불편해했다. 권위와 권위주의를 구별하지 못함으로써 오는 막연한 불평과 피해의식이 방향 잃은 반항으로 이어지지 않도록 학문적 토대를 다져줘야 했다. 본인들이 당하고 있(다고 느끼)는 억압과 차별을 역사의 흐름에서 조망하도록, 논리와 비판적 사고로 객관화할 수 있도록 역사서와 철학서를 같이 읽고 생각을 나누었다.

개인의 불편함과 아픔을 인류사적 보편성으로 승화시키는 동시에, 공동체의 문제를 자신의 문제로 치환하는 양방향 소통을 통해 세상을 더 좋은 곳으로 바꾸어나갈 어른으로 성장하길 바라며.

개집에 갇힌 티라노사우루스를 구출하는 법

중학교 2학년 2학기가 끝났다. 겨울방학이 되면서 연희와 다빈은 토요일에 더해 주중 두 번을 곽지로 더 왔다. 연희만큼은 아니지만 다빈이도 수학 머리가 좋은 편이었다. 2월 중순쯤 둘은 중3 수학을 한 번 끝냈다.

고민했다. 심화과정을 더 풀릴까, 고등학교 선행을 할까.

중1·2 방학 중: 한 학기 선행

중1·2 학기 중: 학교 진도에 맞게 심화문제 풀이

중2 겨울방학: 중3 전체 선행

중3 1학기:

case1 중3 선행 이해도가 훌륭하면 바로 고등학교 선행 시작

case2 이해도가 보통이면 중3 여름방학부터 고등 선행

case3 이해도가 엉망이면 중3 겨울방학 때 고등 선행

이과를 선택할 예정이었던 연희는 case1, 천생 문과 스타일인 다빈이는 case1에 근접한 2였다. 다빈이는 학원을 다니는 다른 친구들처럼 고등 선행을 하고 싶어 했다. 지금도 늦었다며 조바심을 냈다.

"다빈아, 방학 내내 수고했어. 네 마음이 급한 건 샘도 알아. 하지만 수학엔 왕도도 없고 지름길도 없어. 게다가 넌 늦은 것도 아냐. 샘 생각엔 중3 1학기 동안은 중3 최고난도 문제들을 많이 풀면서 내실을 키우는 게 좋겠어. 그래야 고등학교 수학이 수월해질 거야."

다빈이는 마지못해 네, 했지만 얼굴이 어둡다. 연희는 고등학교 선행을 하기로 했다. 《수학의 정석》, 그것도 '기본'이 아니라 '실력'으로.

입문서를 한두 번 푼 후 난이도를 높여 가는 게 일반적인데 왜 처음부터 극악 난이도 교재를 줬을까?

아이가 일반적이지 않으니까.

모험이기는 했다. 하지만 시도해볼 가치는 충분했다. 수학을 '수'학이 아닌 수'학'으로 도전하게 하면 연희 내면에 농축된 지적 갈망이 폭발하리라 기대했다.

연희는 내 기대 이상으로 부응했다. 내 의도대로 수학 문제를 푼다기보다는 문제가 말하고자 하는 메시지에 주목했다. 깊고 깊은 생각의 심연深淵으로 스스로를 밀어넣었다. 어떤 문제를 만나서는 밥도 건너뛰고 몇 시간을 몰입했다. 논리와 정합성이 유일한 헌법이고, 순수 이성이 K팝 스타보다 매력적이며, 편견과 차별과 억지가 없는 신세계에 완전히 매료되었다. 그동안 티라노사우루스를 개집에 가둬놨었구나.

연희는 2월부터 12월까지 수학에 푹 빠져 살았다. 질문도 거의 하지 않았다. 《수학의 정석(실력편)》은 해설 자체가 난해한 대목이 많은데 연희는 퍼즐 맞추듯 끙끙거리며 기어이 제 머리로 이해해냈다. 내가 해줄 수 있는 건 진도 확인, 내가 터득한 몇 안 되는 신박한 풀이법과 깨달음 전수뿐.

머리는 정말 좋은데 공부가 건성인 아이들, 방법이 있다. 아이 관심사를 유치하네 낭비네 제정신이니 무시하지 말고 결이 같은 학문 근처로 유도하면 된다. 아이 내면에 농축된 지적 열망의 방아쇠가 건드려지면 게임 끝이다. 그게 대학 입학이든 삶의 진정성이든 말이다.

배를 만들려고 할 때, 사람들에게 나무를 모아 오라고 다그치며 과제와 일거리를 할당하지 마라. 그냥 먼 바다에 대한 그리움과 갈망을 일깨워라.

생텍쥐페리가 말했다. 공감한다. 하지만 다른 방법도 있다.

아르고호(그리스로마 신화)

테세우스의 배(철학)

갤리선(서양 고대사)

코르부스* (로마제국과 카르타고)

캐랙선, 갈레온(대항해시대)

정화의 대함대(중국사)

사략선私掠船** (정치외교)

드릴쉽(첨단기술)

파나맥스Panamax***

컨테이너선(지정학)

---

* 로마제국 해군이 카르타고 해군을 상대하기 위해 고안한 이동식 다리.

** 국가에 의해 공인된 해적선.

*** 파나마 운하를 통과할 수 있는 최대 크기 선박을 가리킨다. 파나마 운하가 확장된 이후에는 뉴 파나맥스도 등장했다.

배와 관련된 인문교양을 들려주는 것도 배를 만들고자 하는 동인動因으로 작동할 수 있다. 연희처럼 말이다. 대양大洋에 대한 '그리움'과 '갈망'은 쉬 가라앉기도 하니까.

중학교 2학년 연희는 영어 공부도 설렁설렁이다. 그러니 어휘와 문법도 딱 그 수준. 하지만 독해는 고1 상위권 수준은 된다. 타고난 언어 능력이 있지만 공부가 대충대충인 아이들(억지로 학원을 다니거나 학교 숙제만 하는 정도)에게서 나타나는 언발란스다.

"이 어려운 걸 독해하면서 이렇게 쉬운 단어를 모른다고?"

이때 조심해야 한다. 단어 수준을 끌어올리기 위해 닦달하면 아예 공부와 멀어질 수 있다. 오히려 '피가 되고 살이 되는' 영어 원서를 읽으면서 내용도 잡고 독해력도 더 키우는 게 좋다. 그러면 저절로 어휘 노출량이 늘어나고 어휘 다양성도 확대되어 스트레스받지 않으면서 어휘가 늘어난다. 그러다가 시험 기간에 필수 단어를 바짝 외우면 영어 공부는 성공이다.

컴퓨터공학, 생물학, 미술

고등학교에 입학하면서 연희를 하산시켰다. 내신에 집중하고 필요하면 내신학원 도움도 받으라고 했다. 우리는 일주일에 한 번, 도서관 인문학 수업에서 만나기로 했다.

연희는 국어 내신학원에 잠시 다니기도 했지만 한 달을 못 채우고 나왔다. 별거 없지, 했더니, 별거 없던데요, 한다. 고등학교 내내 수학 영어는 사교육을 받지 않았고, 과학은 전문학원을 다니면서 부족분은 인강으로 보충했다. 무엇보다 연희가 기특한 건 시키지도 않았는데 어려운 교양서를 꾸준히 읽어냈다.

연희는 고등학교 3년간 성실하게 생활했다. 일탈이라고 한다면 방송반 오빠와 썸을 약간 탄 정도. 학교 본관에서 나와 엄마가 차를 대고 기다리고 있는 후문까지 오는 2~3분 사이에 달콤한 대화를 나누는 것. 그마저도 이내 엄마에게 들켜 엄마와 충돌이 싫었는지 저절로 그만뒀다.

연희는 한 방에 서울대학교 자연대에 합격했다. 내게 연희를 부탁할 때 연희 엄마는 스카이면 좋겠지만 딸 상태를 봤을 때 자신이 졸업한 서성한으로도 감사한다고 했다. 바로 그 엄마는 연희에게 타대학 의대를 권했지만 연희는 제 뜻을 고집했고 관철시켰다. 서울대에서 생물학과 컴퓨터공학을 복수전공한 후 뉴욕으로 유학을 가겠다고 했다. 놀라지 마시라, 뇌과학과 그림을 동시에 배우겠다고 한다. 아마 고등학생 때 나와 《통찰의 시대》를 강독하면서 영혼이 깊게 요동쳤던 모양이다.

아이를 키우는 부모라면 반드시 스스로에게 물어야 할 질문이다.

"내 상식, 내 판단, 내 승리담이 내 아이 발목을 잡고 있지는 않는가?"

정적政敵을 죽이기 위해 광해군이 심복들과 주거니 받거니, 짜고 치는 고스톱처럼 진도를 빼서 일으킨 사건이 1613년 계축옥사다(필자가 쓴 《사소한 것들의 인문학》에 재밌게 설명해놓았다). 이때 신흠申欽(1566-1628)도 관직에서 쫓겨난다.

거지 비슷한 꼴로 김포 상두산(가현산) 아래 정착한 신흠. 우울과 절망으로 자포자기할 수도 있었지만, '인문 교양의 힘'으로 현실을 극복하려 한다. 연작 시조를 지어 〈방옹시여(쫓겨난 늙은이의 시)〉라 이름 붙이는데 모의고사나 내신에 이따금 등장한다.

산촌山村에 눈이 오니 돌길이 뭇쳐세라
시비柴扉를 여지 마라 날 찾즈리 뉘 이시리
밤듕만 일편명월一片明月이 그 벗인가 하노라

산촌에 눈이 오니 돌길이 묻혔구나
사립문을 열지 마라 나를 찾을 사람이 누가 있으리
깊은 밤 한 조각 밝은 달 그것이 벗인가 하노라

(1수)

서까래 기나 짧으나 기동이 기우나 트나

수간모옥數間茅屋을 작은 줄 웃지 마라

어즈버 만산나월滿山蘿月이 다 내 것인가 하노라

서까래 길거나 짧으나 기둥이 기울었거나 틀어졌거나

작은 초가가 작다고 비웃지 마라

산에 가득 자란 덩굴풀에 비친 달이 다 내 것인가 하노라

(8수)

'인문 교양의 힘' 하나 더. 신흠은 기거하는 움막에 '감지와'라는 문패를 달고 움막 앞에는 웅덩이를 팠다. 무슨 뜻일까?

감坎 웅덩이, 지止 멈추다, 와窩 움집

'감지'는 《주역》에 나오는 개념이다. 기세 좋게 흘러가던 물이 웅덩이를 만나 멈췄다는 뜻이다. '고난과 역경'을 은유했다.
물은 오래 괴어 있으면 썩는다. 물길을 틔워 흐르도록 해야 한다. 하지만 때로는 기다리는 것도 방법이다. 인내하고 기다리면, 웅덩이에 물이 가득 차면 물은 스스로 웅덩이를 빠져나온다.
많은 부모가 자식을 통제할 수 있다고 믿는다. 어떤 부모는 아이들 하고 싶은 대로 내버려두는 게 옳다고 생각한다. 정치든 양육이든 극단은 지양하는 게 대체로 좋다.
지향指向 아니다. 지양止揚이다.

CHAPTER9

속도가 느리면 느린 대로

"아이가 소심하고
내성적이에요.
아이 성격이 공부에도
영향을
미치고 있어요."

"공부 속도가 너무 느린데
괜찮을까요?"

속도는 내가 정하는 것

연희 단짝 다빈이는 전형적인 모범생이다. (연희만큼은 아니지만) 수학 머리가 좋아 차근차근 밟아나가면 수학 1등급도 노려볼 수 있는 아이이다. 부모가 화목하니 집안 분위기 밝고 하나 있는 남동생이 양같이 온순해 가정이 평화롭다. 엄마 아빠 두 분 다 은행원이라 경제 여건도 좋다.

딱 하나 마음에 걸리는 게 있으니, 다빈이는 지나치게 소심하다. 별명이 소심대마왕일 정도로.

중학교 3학년이 되면서 다빈이는 내가 시킨 대로 최고난도 교재를 풀면서 사고력을 다져나갔다, 는 내 생각이었다. 계속 불안해했다. 친한 친구들 대부분이 고등학교 선행을 하고 있고 어떤 애는 벌써 세 바퀴째 돌렸다며 푸념조로 입을 내민다.

"다빈아, 수학 공부에 왕도는 없어. 지름길도 없고. 속도는 다른 사람이 아니라 자기 능력에 맞추는 거야. 친구들이 너를 흔들게 허용하지 마."

그럼에도 다빈이는 흔들흔들 중심을 못 잡았다. 이해한다. 처음 살아본 인생이고 처음 걷는 길이니. 결국 3학년 1학기 중간고사 직후 다빈이는 나와의 수학 공부를 그만둔다. (몇 달 후 여름방학부터 학원 수업과 겹친다면서 토요일 인문학 수업도 포기했다.)

"고등학교 선행을 하겠다는 네 선택을 존중해. 너는 수학 재능이 있으니 혼자 공부하거나 네가 궁금한 걸 마음대로 질문할 수 있는 1:1 과외를 받는 게 좋을 거야."

하지만 다빈이는 친구들이 있는, 제주에서 가장 유명하다는 학원으로 갔다. 정말 무식하게 아이들을 굴리는, 내가 약간은 경멸하는 학원으로 말이다.

다빈이는 똑똑한 아이다. 그 학원이 저한테 맞지 않다는 걸 한 달도 안 돼 알아차렸다. 하지만 몇 달을 더 다녔다. 이후에도 자신에 맞는 학원이 아니라 입소문이 좋은 학원으로 옮겨 다녔다. 스파르타로 유명한 학원, 전직 J여고 수학 선생님이 운영해 내신을 잘 잡아준다는 공부방 등. 남녀공학을 선택한 연희와 달리 다빈이는 중학교와 같은 재단인 J여고로 진학했다.

고등학교 1학년 여름방학 어느 토요일, 연희도 보고 싶고 선생님 보고 싶다며 도서관으로 다빈이가 왔다. 내밀한 사정은 모르겠지만 다빈이는 1학기 내내 방황했고 지난주부터 마음을 잡고 열공모드라고 한다. 어떻게 마음을 돌렸니 물었더니 참 똑똑한 아이이다.

"평균 수명이 많이 늘었다고 하잖아요. 계산해보니 앞으로 2년 반 공부한 걸로 80년을 먹고사는 거더라구요. 그 생각을 하니까 정신이 번쩍 들던데요."

이후 다빈이는 정말 열심히 했다. 맞지 않는 길에 잠시 서 있었고 약간의 방황도 있었지만 타고난 재능에 열심까지 장착할 모양이니 원하던 목표를 이루리라 봤다. 신촌에 있는 대학 심리학과가 목표라고 했다.

비난 대신 플랜B

수능 보고 며칠 뒤, 오랜만에 다빈이에게 온 전화다. 2년이 후딱 가버렸다.

"쌤, 쌤 보러 가도 돼요?"

아이 얼굴에 실망이 가득하다. 재수를 권하자 다빈이가 손사래친다.

"쌤, 저 정말, 고3 1년 동안 제가 할 수 있는 최선을 다했어요. 그 이상의 노력을 상상할 수 없을 정도로요. 재수해도 더 열심히 할 자신이 없어요."

오케이, 인정. 그렇게 다빈이는 서울 시내 모 대학 인문계열에 진학했다. 잊을 만 하면 연락해 고민을 털어놓는다.

"쌤, 역시 쌤은 다른 어른과 다르게 말씀하실 줄 알았어요."

어떤 날은 전화해서 이런다.

"쌤, 대학 와보니 대학 서열이 별로 의미 없는 것 같아요. 서울대 아니면 다 똑같아요."

한 번씩 다빈이에게선 그때 선생님 말을 들었으면 어땠을까 하는 회한悔恨이 묻어나온다. 그런 기회가 여러 번 있었고 그럴 때마다 다빈이는 다른 길로 갔었다. 운전을 배웠는지 카톡으로 희한한 말을 한다.

"쌤, 쌤은 내비게이션 아줌마 같아요."

뭔 소린가 하니, 내비게이션에 나오는 아줌마는 참 착하다. 우회전 타임을 놓쳐도, 10번을 연속해서 놓쳐도 이렇게 말하지 않는다.

"멍충아! 계속 말했잖아. 10미터 앞에서 우회전이라고."

질책과 비난 대신, 잔소리 대신 재빨리 플랜B를 제시한다.

듣고 보니 나와 닮은 것 같기도 하다. 하지만 원래 그랬겠니. 수많은 시행과 착오를 거친 결과물이지.

늦은 저녁, 통화할 수 있냐며 다빈이가 카톡을 보냈다. 예감이 심상찮다. 소개팅으로 만난 남학생과 사귄 지 100일이 넘었단다. 그런데 이상하다. 스카이 소속에다 세상 젠틀하고 멀쩡한 남친이 술만 마시면 행동이 과격해지고 비속어가 심해진단다. 어제는 말리는 자기 손을 뿌리쳤는데 때리거나 한 것은 아니지만 느낌이 굉장히 불쾌하고 폭력적이었다고 했다. 게다가 아무래도 남친이 극우 커뮤티니 회원인 거 같단다.

엄마한테는 말씀드렸니, 했더니 걱정하실까 말을 못 하겠단다. 나는 객관적으로 판단해줄 것 같아서 연락했다고 한다.

"다빈아, 우리 예전 인문학 수업 때 주취감형酒醉減刑에 대해서 토론했던 거 기억나?"

"네."

여덟 살 여자아이를 성폭행하고 장기의 80%를 파열시키면? 죽여야지. 백 번을 고쳐 죽여야지. 그런데 판사는 징역 12

년. 만취 상태였다는 이유로 봐줬다.

여자 기숙사에 침입해 성폭행을 시도하고 상해를 입히면? 내 딸이 당했다면 찢어 죽여야지. 하지만 '남 이야기'니 적당히 징역 10년으로 하자. 그런데 판사는 집행유예. 이유가 대박이다. 평소 주량보다 많은 소주 4병을 마셔 블랙아웃 상태였으니 봐준단다.

길거리에서 눈이 마주쳤다는 이유로 30대 청년이 20대 청년 둘에게 맞아 죽었다. 검찰은 각각 징역 9년, 8년을 구형했다. 판사의 결정은 징역 3년. 앞길이 창창한 젊은이고 술에 취했다는 이유였다. 맞아 죽은 청년도 부모에겐 앞길 구만리인 귀한 아들이었을 텐데.

술에 취했다고 관용을 베푸는 주취감형. 《1센티 인문학》에서 언급했다. 이어지는 내용은 이렇다. 대다수 국민들이 이해할 수 없는 판결이 계속된다면, 판결을 볼 때마다 무기력을 느낀다면, 피해자의 자리에 나를 집어넣는 상상만으로도 소름 끼친다면 그 나라의 주인을 국민이라 볼 수 있을까? 주인인 국민들도 이해할 수 없는 판결이 계속된다면 어쩌면 우리는 새로운 왕의 지배하에 살아가고 있는 것이 아닐까?

"범죄보다 더 범죄적인 판결을 나는 얼마나 많이 보았던가."

16세기 어떤 철학자의 말이다.

"그때 너는 주취감형에 대해서 가해자인 짐승들만 우대하는 판결이라는 입장이었잖아."

"네, 그랬죠."

"네 상황과 똑같지는 않겠지만 잘 판단해봐."

술을 과도하게 마시면

맨정신일 때 우리는 많은 것을 억제하며 산다. 보는 사람이 있으면 욕을 자제하고 길에 침을 뱉지 않으며 쓰레기는 분리해서 배출한다. 길에서 어깨가 부딪쳐도, 옆집 아이가 우리 개를 놀려도, 당장이라도 상사 얼굴에 사표를 던지고 싶어도 어지간하면 참는다. 맘에 드는 이성이 있어도 함부로 집적대지 않고 헤어진 애인에겐 더더구나 문자를 보내지 않는다. 아이가 운다고 폭력적으로 입을 막지도 않는다.

술을 마시면, 과도하게 마시면 이 모든 것을 한다. 술은 술이 깨면 후회할 일들을 거리낌 없이 하게 만든다. 술은 '나 스스로 나에게 가하는 억제를 벗어나도록 돕는' 요물이다. 그래서 술에 취한 상태를 '진정한 자신의 모습'이라 보기도 한다.

동과 서, 고와 금을 막론하고 이런 말들이 진리로 통용된다.

술이 들어가면 혀가 나온다.
옳은 말은 술독 바닥에 있다.
술은 재판관보다 더 빨리 분쟁을 해결해준다.
거울에서 모양을 보고 술에선 마음을 본다.

틀렸다. 술이 고삐를 풀어주는 '억제력'은 우리가 건강한 인격체로 성장하는 데 꼭 필요한 요소다. 성숙한 사람은 '단기 욕구(사표를 던지고 싶다)'와 '장기 목표(직장이 있어야 가정을 지킬 수 있다)' 사이의 갈등을 조화롭게 해결하려 노력한다. 술의 역할은 진정한 자아가 드러나도록 돕는 게 아니라 장기 목표를 잊고 단기 욕구에 충실하도록 만드는 것일 뿐이다. 그래서 요즘 과학자들은 술을 다르게 본다. '알콜 근시'라는 개념을 만들었다. 술이 우리를 정서적 근시, 정신적 근시로 만든다는 것. 무슨 말일까?

코앞의 것만 보이는 고도 근시처럼 알콜 근시 역시 눈앞의 것만 보이도록 시야를 축소한다는 말이다. '장기' 목표는 잊고 '단기' 욕구에만 주목하게 만든다는 말. 내일 중요한 시험이 있어도 지금 당장 술자리 분위기가 나를 사로잡는다는 말.

음주가 그렇게도 쉽게 폭력, 운전, 성폭력으로 이어지는 것 역시 알콜 근시 때문이다. 말초를 자극하는 단기 욕구가 안정된 삶이라는 장기 목표를 잊게 만든다.

음주로 문제를 일으킨 사람들에게 관용을 베푸는 건 그들로 하여금 단기 욕구를 추구하는 삶을 더 가열차게 살도록 부추기는 행위다. 삶을 망가뜨리도록 유도한다는 말.

공부는 죽도록 하기 싫은데 때려치울 용기는 없고, 그렇게 몇 달째 슬럼프에서 헤매는 중3 아이. 화장실에 갔다 와서는 내 앞을 빙빙 돈다.

"선생님, 통일은 언제 될까요?"

한 달에 한 번씩 이미 서너 번은 했던 질문이다. 질문이 아니라 군대 가기 싫다는 투정이자 불만이다.
요즘은 유튜브 덕분에 아이들이 만물박사다. 모르는 이야기를 해줘야 한다. 그래서 아서 맥아더(맥아더 장군 아버지)가 군정 총독이지만 왕처럼 군림했던 1900년대 초 필리핀 역사와 정치에서 시작해 일본 오키나와 후텐마 미군 기지를 경유해 한반도 정세로 넘어왔다. 그리고 결론.

"힐러리 클린턴이 미국 국무장관일 때 '한반도 통일은 허용할 수 없다'고 공언公言했어. 일본 우익이 가장 두려워하는 게 '핵을 보유한 한반도'야. 게다가 중국과 러시아까지. 주변 4강이 동의하지 않으면 통일은 불가능해."

다시 절망하는 아이. 그러면서 항의한다. 군 가산점제는 왜 폐지했냐고, 여자들도 군대에 가야 한다고.

막연한 상실감, 불안, 절망감이 출구를 못 찾을 때 어떤 이들은 타자他者에 대한 혐오로 뒤틀린 감정을 배출한다. 역사상 어느 사회에나 희생양이 존재했던 이유다. 그렇게 한국 남자 중학생들은 평균 14세에 여혐을 시작하고, 그 꼴을 보고 여중생들도 남혐 세계로 입문한다는 사회과학 자료를 읽었다.

너희들도 그러냐고 아이에게 물으니 대충 중1 정도면 여자들을 혐오하기 시작한단다. 그러면서 자기 친구 얘기를 해준다. '페미'를 증오한다며 과격한 언행을 일삼는 친구에게 선생님이 물었단다.

"너 페미니즘이 무슨 뜻인지는 아니?"

친구 녀석 대답이 걸작이다.

"모르겠는데요."

내 수업에 들어오는 모든 남학생들에게 물었더니 한결같이 여혐이 중학교 때 시작되는 것 같다고 한다. (서울에서 강연 중에 엄마들에게 물으니 초등 고학년이란 답도 많았다.) 웃기는 건 하나같이 자신들은 그런 부류가 아니란다.

아이들 잘못은 아닐 게다. 반대편을 악마화해 지지층을 결집하는 정치인들, 종교적 가치를 지키기 위해 종교적 가치를 포기하는 종교인들, 거기에 부화뇌동하는 게 요즘 우리 어른들 아닌가.

진주 한 편의점에서 20대 남성이 아르바이트 중이던 20대 여성을 폭행했다. 남성은 이렇게 말했단다.

"여자가 머리가 짧은 걸 보니 페미니스트네. 페미는 좀 맞아야 한다."

저소득 노동자들과 남자 청년들이 보수를 지지하는 것은 세계적 흐름이다. 그중 상당수는 극우파까지 지지한다. 서양 극우들은 '외국인 노동자 혐오'가 주된 자양분滋養分인데 한국 극우는 특이하게 여성을 혐오 대상으로 삼고 있다. 이름하여 마초 극우파다.

그런 면에서 2022년 20대 대통령 선거는 한국 역사에 큰 분기점이었다. 여성 혐오가 극우의 이익으로 돌아온다는 것을 짜릿하게 체감한 사건이었으니.

수학도 중요하고 영어도 중요하다. 하지만 결국엔 다 행복하자고 하는 일이다. 여혐에 빠진 아이가, 청년이, 장차 행복한 가정을 꾸릴 수 있을까? 가정은 고사하고 건강한 사회생활이 가능할까?
자기 아이를 제일 모르는 게 엄마다. 요즘 일부 남자아이들 사이에서 여혐은 일종의 놀이고 문화다. 그래서 무섭다. 그러니 수학 공부 시간 1%만 할애해서 책을 읽히자. 인문학 책을 읽히자. 무슨 책을 읽힐지 모르겠다면《사소한 것들의 인문학》으로 시작해 보길 바란다. 더 많은 책이 필요하면 필자 인스타를 참고해도 되겠다. 이러고 보니 고단수 홍보글이 되었네.
어쨌든 조만간 남자아이를 보유한 집집마다 이런 광경이 벌어질 수도 있다.

"엄마도 페미야?"

다시 한 번 강조한다. 수학도 급하고 국어도 난제란 걸 안다. 하지만 아이들 사이에서 유행인 듯 번지는 혐오는 여혐이든 남혐이든 지금 다루지 않으면 습관과 문화로 굳어버린다. 혐오와 반대되는 개념이 있다는 것, 그렇게 사는 사람이 있다는 것, 그게 진정 행복일 수 있다는 걸 가르치는 건 어른들 책임이다.

CHAPTER10

아이 인생에 걸림돌이 되지 않으려면

"어떤 말도
쉽게 수긍하지 않는 아이,
무엇이
문제일까요?"

수학 문제 푸는 속도가 느린 아이

분당 사는 중학교 1학년 민서. 친구들과 놀 땐 저세상 깨발랄하지만 책상 앞에 앉으면 전혀 딴 사람이 된다. 미간에 몇 줄 주름만 그릴 뿐 표정 변화가 없다. 딱 전성기 때 이창호다. 1990년대 최고 바둑 기사로 별명이 '돌부처'였다.

민서는 어딜 가나 똑똑하다 칭찬 일색이지만 '와' 할 정도 수재는 아니다. 문해력과 독서 이력을 포함한 종합 언어 능력은 상위 2%, 수학 재능은 상위 5% 정도다.

야망은 0.1%였다. 서울대를, 그것도 의대를 가겠다는 의지가 강렬했다. 수학 재능으로 봐선 불가능한 일. 그래도 길이 있을 수 있겠다 싶었다. 나는 무엇을 본 걸까?

민서는 생각이 깊었다. 손에 든 건 물컵이건 컵라면이건 죄다 떨어뜨리고, 외투와 우산은 홈 복귀율이 50% 미만일 정도로 덤벙이지만 생각이 깊다. 몰입하는 능력도 탁월했다. 그러다 보니 선생님들로부터 건방진 면이 있다는 소리를 꼬마 때부터 들어왔다.

나는 다르게 봤다. 민서는 건방진 게 아니라 궁금한 걸 못 참는 아이였다. 자신이 납득할 수 있어야 받아들이는 아이여서 물을 수 있는 한도를 넘어서까지 질문을 난사亂射했다. 그 과정이 열정을 넘어 흥분 상태로, 때론 비약이 있어 당하는 선생님 입장에선 무례하다고, 공격받았다고 느낄 여지가 있다.

나도 여러 번 당했다. 하지만 이런 아이, 나는 참 좋아한다. 어떤 질문이든 의문을 해소해준 뒤, 한 단계 넓고 깊은 질문들로 아이 지식 체계를 넌지시 흔들어준다.

이 과정을 반복하면 아이는 익숙한 것을 낯설게 보고 당연한 것을 의심한다. 그렇게 방향 감각을 상실한 아이는 고뇌하며 제 힘으로 새 길을 찾아나서는데, 그게 지적 성장이고 세계관 확장이며 수준 높은 의미에서의 성장이다.

민서가 수학 문제를 푸는 모습도 내겐 희망으로 보였다. 민서는 풀이집 설명을 곧이곧대로 수용하지 않는다. 다른 아이들은 평범하게 넘어가는 평이한 문제도 몇십 분씩 물고 늘어질 때가 있다. 제 머리론 납득이 안 되니까. 그 많은 공식을 제 손으로 유도해내야 직성이 풀리는 아이였다.

대단한 재능이다. 진짜 엄청난 재능이다. 일부러 하라고 해도 못 한다. 그러니 신神이 준 선물이다. 하지만 민서 엄마는 달랐다. 친구들에 비해 푸는 속도가 월등히 느리니 그저 답답해한다.

"민서야, 친구들보다 속도가 느리다고 신경쓰지 마. 고등학교 시험은 속도 싸움인데 중학교 때 탄탄히 실력을 쌓으면 고등학교 가서 속도는 저절로 올라가게 되어 있어."

민서는 내 말을 철석같이 신뢰했다. 하던 대로 열심히 수학을 파고 또 팠다. 영어, 사회, 국어, 독서까지 완벽하게 준비시켰다. 미간을 찌푸린 채 수학 문제를 노려보고 있는 민서를 보면서 어쩌면 저건 삼매경三昧境일 수도 있겠다 싶었다. 수도사나 스님을 해도 참 잘했겠다. 민서 엄마는 펄쩍 뛰겠지만 말이다.

잘될 거예요,
라는 거짓말

중학교 2학년 겨울방학이 끝나가는 2월 말, 민서 엄마가 상담을 신청한다. 민서 엄마는 내 지인의 친구다. 지인을 통해 나를 알게 되었고 사정사정해서 민서 공부를 내게 맡겼었다.

"선생님, 저희는 저희 길을 가겠습니다."

바깥 날씨보다 더 찬 칼날이 가슴을 파고든다. 기어이 이 엄마는 아이 인생에 걸림돌이 되는구나.

학부모 대표이기도 한 민서 엄마는 지난 2년간 쉬지 않고 곁눈질을 해왔다. 민서 친구들을 CCTV 수준으로 지켜봤다. 벌써 고등학교 수학을 세 번이나 돌린 친구, 스파르타학원에서 밤늦게까지 수학에 올인하는 친구, 최상위권 반에 들어가 고등학교 킬러 문제만 풀어대는 친구. 상담 때나 사석에서 만날 때, 이 아이 저 아이 이야기를 넌지시 흘린다. 민서도 그렇게 해달라는 말이겠지.

"어머니, 민서는 그렇게 공부해선 망할 아이예요. 민서에겐 민서에게 맞는 공부 방법이 있고 지금 그 길을 잘 가고 있어요. 제가 하는 게 마음에 안 드시면 그런 학원으로 가셔도 됩니다. 섭섭하게 생각하지 않을게요."

민서 엄마가 손사래를 치며 아니라고 한다. 민서 역시 그런 엄마를 향해 핀잔을 줬다. 하지만 3학년 진학을 앞둔 겨울방학, 기어코 민서 엄마는 가보지 않은 길로 가려고 한다. 민서 역시 이번에는 엄마를 거부하지 않는다.

기대가 컸고 정성을 많이 들였으니 배신감과 허탈함도 크다. 하지만 티낼 순 없지. 그게 과외 교사 운명이니. 실패할 확률이 99%라는 말이 편도선까지 올라왔지만 도로 삼켰다. 기적같이 1%가 실현되길 진심으로 바라며. 잘될 거예요, 라는 입에 발린 거짓말에 한마디 더 보탰다. XX학원은 민서에게 안 맞으니 절대 보내지 마세요.

아이에게 걸림돌이 되는 엄마

XX학원은 아이들에게 속도 훈련 시키기로 유명하다. 처음에는 많고 많은 학원 중에 하나였지만 이제는 몇 손가락 안에 드는 대세 학원이 됐다.

원장님 수완이 좋다. 계속 새로운 공부법을 시도하고, 광고하고, 리뉴얼했다. 그렇게 십수 년을 돌리다 보니 꾸준히 상위권 아이들이 들어오고, 그중에 입시 결과가 좋은 아이들이 생기고, 그 모습을 보고 상위권 아이들이 몰려드는 선순환에 성공한 학원이다. 한때는 아이들 스스로 강의하게 하는 방식을 택하더니 언제부터인가 초시계를 동원해 속도 훈련을 시킨다.

나는 어릴 때부터 먹는 속도가 느렸다. 20년 넘게 별 탈 없이 잘 살았는데 군대 훈련소에서 곤욕을 치렀다. 수백 명이 줄줄줄 식당으로 들어가 차례대로 테이블(6명 정원)을 채우고 밥을 먹은 뒤, 먼저 들어간 순서대로 한 테이블씩 차례로 일어나는 시스템이었다.

저 멀리서부터 6명씩 착착 일어서는 모습이 성난 파도 같고, 우리 테이블에 앉은 5명도 얼추 식판을 다 비워가는데 내 식판엔 음식이 절반 넘게 남아 있다. 바로 옆옆 테이블 훈련병들이 일어서는 순간에도 나는 70%밖에 먹지 못했다. 우리 차례가 오면? 그냥 일어서야지 뭐.

군대라는 절박한 상황이니 먹는 속도가 빨라졌을까?

전혀. 살만 빠졌다. 한 달 남짓 10킬로가 줄었다.

제로백이란 게 있다. 엑셀을 최대한 밟았을 때 자동차가 정지 상태에서 시속 100킬로미터까지 도달하는 데 걸리는 시간이다. 제로백이 작아야 좋은 차다. 대략 경차는 13~16초, 중형차는 8~10초, 대형차는 6~7초, 스포츠카는 5초 내외다.

제로백을 줄이려면 어떻게 해야 할까? 매일 초시계를 놓고 달리는 연습을 하면 시간이 줄어들까? 핸들링 기술을 연마하고, 차 무게를 줄이고, 페달을 리드미컬하게 밟으면?

눈곱만큼이야 줄일 수 있겠지만 말 그대로 눈곱이다. 차 성능을 높여야 한다. 엔진을 바꾸고, 엔진을 받쳐주는 미션을 교환하고, 기어비도 바꿔야 한다. 엔진도 본네트에서 빼내, 할 수만 있다면 트렁크에 넣으면 도움이 된다.

수학 푸는 속도는 제로백과 비슷하다. 잔기술이 아니라 실력 자체가 좋아야 속도가 빨라진다. 강제로 속도를 높이려다간 차에 과부하가 걸려 망가질 수 있다. 바퀴가 빠질 수도 있겠다. 공부도 똑같다.

그럼에도 XX학원은 초시계로 속도를 재면서 문제를 풀린다. 속독의 수학 버전이라 보면 되겠다. 책을 빨리 읽는 게 중요할까, 내용을 깊게 습득하는 게 중요할까?

요즘엔 속도 연습을 시키는 학원이 상당히 늘었고 유튜브에서도 볼 수 있다. 더 이상 말하지 않겠다. 논리와 비판적 사고까지 갈 것 없다. 상식으로만 판단해도 진위를 알 수 있다.

"네, 선생님, 거기는 저희도 싫어요."

믿(고 싶)습니다, 어머니. 제발 아이 인생에 태클이 되지 마시길.

백 년도 못 살 인생
천 년 걱정을 만든다

민서 엄마는 남편 친구가 운영하는 수학학원으로 딸을 보냈다. 서울대 수학과 석사 출신이라 일단 안심이 되었다. 친구 딸이라 허풍이나 비즈니스 마인드 없이 가장 적확的確(조금도 틀리거나 어긋남이 없이 정확하고 확실함)한 길을 안내해줄 것이니 또 안심. 민서에게 새 시즌이 열릴 수도 있겠다는 기대감이 여전히 내 속에 남아 있던 실망과 걱정을 몰아냈다. 하지만 민서는 한 달을 채우고 그만둔다. 민서에게 돌려서 물어보니 그 선생님 역시 수학 공부를 바라보는 방식이 나와 비슷하단다. 당연히 수업 방식도 비슷해 아빠 만류에도 불구하고 엄마는 학원을 갈아치운다.

민서가 다음으로 간 곳은 꽤 유명 원장이 새끼 강사들을 고용해 기업식으로 운영하는 공부방 스타일 학원이었다. 최상위권 두 반만 원장이 직접 가르치는데 자리가 없었지만 엄마가 (학부모 대표라는) 권력을 동원해 어렵사리 민서를 끼워넣었다.

오버다. 민서가 들어갈 반이 아니었다. 그 애들은 중2와 중3이지만 이미 고등 선행을 몇 번이나 돌렸다. 수학 머리도 뛰어나 척하면 착하고 알아듣는 영재급 아이들. 민서와는 정반대 스타일이다.

민서 엄마가 식사 초대를 했다. 민서는 학원에서 풀었던 문제집을 다 싸들고 왔다. 밥 먹으며 쭉 훑어봤다. 문제 양이 많고 상당히 어렵긴 하지만 그럭저럭 견디고 있다. 민서, 잘하고 있네. 하지만 아이 얼굴에 생기가 없다. 후딱 밥 먹고 수학학원 가야 한단다. 화, 목 수업이라면서 일요일에도 가?

"다른 애들은 안 가도 되는데, 저는 틀린 문제가 많아 보충하러 가요. 일요일엔 원장님은 안 나오고 다른 선생님이 봐주세요. 그래서 절대 빠지면 안 돼요."

'민서야, 보충 해주시는 선생님께 미안하고 고마워하는 마음씨는 아름다운데, 잘 생각해봐. 최상위 반에 안 들어갔으면 안 해도 될 일이잖아. 그냥 상위반에 들어가 차근차근 밟아가면 될 일인데 왜 걱정을 당겨서 미리 하고 있을까?'

이 말을 해줬을까 말았을까? 따옴표가 힌트다.

우리 삶이 그렇다. 백 년도 못 살 인생, 천 년 걱정 만들어 품고 산다.

2년간 민서 정체성의 절반을 차지했던 진지함이 옅어졌다. 나머지 절반이던 깨방정 깨발랄도 사라지고 깊은 고뇌가 그 자리를 대신했다. 같은 클래스 잘 나가는 아이들을 보면 괴롭고 인생이 대략 망가진 것 같다면서, 그래도 가방을 메고 좀비처럼 걸어 나간다. 축 늘어진 가방보다 더 처진 어깨, 열여섯 살 소녀.

도대체 이 엄마는 아이 상태를 모르는 걸까, 모르고 싶은 걸까. 불행인지 다행인지 민서는 더 이상 못 견디고 학원을 그만뒀다. 열패감만 가득 안은 채.

다음으로 옮긴 학원은 나한테 정보가 없는 학원. 별다른 무리 없이 아이들을 잘 가르치는 걸로 알고 있다. 특이한 건 민서 엄마가 수학 공부방도 같이 보낸다. 여자 원장님이 매섭게 아이들을 채근한단다. 어이구.

민서 엄마는 이렇게 말했다.

"수학학원 두세 개는 동시에 돌리는 게 요즘 트렌드예요."

문제 푸는 속도는 목표가 아니라 결과물

3학년 겨울방학이다. 민서가 새로 들어간 학원은 내가 그렇게도 가지 말라고 했던 바로 그 XX학원이다. 문제 푸는 속도를 빨라지게 해준다는 학원. 여러 군데 수학학원을 다녀도 속도가 눈에 띌 정도로 향상되지 않으니 결국 속도 학원으로 갔다.

내가 속도 훈련을 전적으로 부정하는 건 아니다. 고3 초부턴 시간을 염두에 두고 푸는 게 맞다. 실력이 거의 완성된 친구는 고2 때 해도 된다. 하지만 실력을 아직 키워야 할 아이가 속도 훈련을 하면 백해무익百害無益이다.

이제 말하기도 지쳤다. 민서 가족과 저녁을 먹으면서 내가 해줄 덕담은 딱 하나. 열심히 하면 잘 되겠죠.

고등학교에 들어간 민서는 학원을 순례한다. 엄마 성화에 영어 문법과 국어 내신까지 따로 학원을 다닌다. 이미 내가 90%까지 완성시켜준 과목이다. 학교 수업 따라가면 저절로 완성될 터인데 늘 그렇듯 엄마 조바심이 화근禍根이다.

"국어학원 어떻디?"

"학교 수업이랑 똑같아요."

"그런데 왜 다녀?"

그 똑부러지던 민서가 말을 얼버무린다. 수학은 어떻게 되었을까?

초시계를 놓고 '전문' 트레이닝을 받았지만 민서는 고등학교 1학년 1학기 내내 수학 문제를 시간 내 다 푼 적이 없다. 중간고사와 기말고사, 모의고사까지. 특히 모의고사는 그렇게 연습했건만 시간이 모자라 다섯 문제 넘게 못 풀었다.

여름방학 무렵, 민서는 학교를 자퇴했다. 내신으론 안된다며 정시 파이터가 되겠다고 한다. 엄마와 본인, 누구 의지인지는 모르겠다.

가끔 지인을 통해 민서 소식을 묻는다. 민서가 대학을 간 건 맞는데 어딘지 아무도 모른단다. 세 살 터울 남동생 역시 학원 순례를 하고 있다고 들었다.

국어 모의고사를 기준으로 말하면 시간 내 문제를 다 못 푸는 아이가 90% 이상이다. 풀다가 몇 분 남으면 뒷부분은 찍는다는 말이다.

"아니, 문제를 보고 틀리는 건 이해가 돼. 어떻게 문제 자체를 다 못 볼 수가 있어?"

이러면 아주 먼 옛날 사람이다. 수능이 생긴 1990년대 중반 이래 국어는 쭉 이랬다. 국어 문제 푸는 속도는 어떻게 하면 높일 수 있을까?

비문학 문제를 제시간에 풀려면 뭐니뭐니 해도 어휘력과 문해력이 좋아야 한다. 배경지식이 탄탄한 것도 살짝 도움 된다. 문학 문제를 시간 안에 풀려면 평소에 문제를 많이 풀어봐야 하는데, 체계적으로 풀어야 한다. 시는 작품별로, 소설은 작가별로 푸는 게 좋다.

여하튼 무슨 말인가?

훈장님 말씀 같아 좀 그렇긴 하지만 실력이 좋아야 문제 푸는 속도도 빨라진다. 시간과 노력이 많이 드는 작업이다. 얕든 깊든 기술과 기교론 어렵다. 국어든 수학이든 말이다.

속도는 목표가 아니라 결과물이다.

수학 사교육 실패 종합판,
어른이 문제다

민서는 수학 사교육 실패 사례 백화점이다. 다양한 유형의 수학 사교육을 받았지만 결국 실패했다. 어른들이 문제다.

수학 강사들은 아이 상태와 스타일, 한계와 확장 가능성을 정확히 파악해서 그에 맞는 공부법을 알려줘야 한다. 물론 학원이나 그룹 과외는 여러 학생이 함께 가는 시스템이라 쉽지 않은 일이다. 그렇다면 더더욱, 다른 곳에서 적합한 기회를 찾도록, 하루라도 빨리 내보내줘야 한다. 이런 점에서 민서가 다닌 학원과 과외는 욕심을 부렸다. 아이 스스로 나가떨어질 때까지 시간을 끌었다.

민서에게도 잘못이 약간 있다. 중학교 3학년, 그것도 똑똑하고 공부를 잘하는 아이라면 어떤 게 똥이고 어떤 게 약인지

분별할 수 있다. 남에겐 약이지만 내게는 똥이 되는 것도 구별할 수 있다. 물론 똥을 약이라 주장하는 엄마를 이길 수 없었던 사정이 있긴 했다.

가장 큰 문제는 엄마다. 사실 내 아이 상태를 정확하게 말해주는 선생님 찾기가 쉽지 않다. 실력이 없어서 그럴 수 있고 돈 문제도 걸린다. 내밀한 사정은 생략해도 알리라 믿는다.

민서는 두 서울대 선생님으로부터 똑같은 진단을 받았다. 게다가 전자는 지인의 지인이고, 후자는 아빠 친구다. 실력이 좋은 데다 돈 욕심으로 다른 말할 사람들일 가능성이 희박하다는 말이다.

민서 엄마는 하늘이 내린 복을 두 번이나 차버렸다. 번번이 잘못된 선택을 했다. 학원들 각자는 훌륭할 수 있다. 하지만 민서에겐 맞지 않는 옷이었다.

어쩌면 민서 엄마가 찾아다녔던 건 (자신의 소망을 현실에 맞춰 다듬어가는 게 아니라) 자신의 소망을 합리화해줄 학원이었다. 인지부조화, 다른 의미에선 주술이라 하겠다.

한 번씩 민서가 생각난다. 깨방정에 깨발랄도 그립고, 새벽 2시까지 스스로 공부에 몰입하던 열정도 생각난다. 흔들림 없이 정도正道를 걸었다면 아이 인생은 분명 지금과 달랐을 테다. 아이가 맹장염인데 보약을 먹이거나, 체외충격파 치료를 하거나, 침을 놓거나, 파스를 바르는 건 아이 인생을 망치는 일이다. 이런 부모, 없으리라 믿는다. 하지만 수학 공부에선 이런 엄마들이 많다. 너무 많다.

속도는 실력의 결과물이다. 속도 자체가 목표가 되면 망한다.

수학 잘하는 법, 공부 비법, 참 많이도 등장하고 소멸한다. 명멸明滅한다고 표현한다. 30년간 지켜봤고 내 공부까지 합치면 40년이 넘는다. 언제나 결론은 한 문장이다.

수학 공부에는 왕도도 없고 지름길도 없다.

고름은
살이 되지 않는다

햄버거, 감자튀김, 도넛, 과자, 아이스크림, 삼겹살을 참 많이도 먹었다. 김치와 콩나물조차도 흘러내린 삼겹살 기름으로 구워 먹었다.
살짝 겁이 나서 잡곡, 나물, 쌈 채소, 콩, 등푸른생선 등 좋은 것도 딱 그만큼 먹었다. 플러스 마이너스 제로로는 불안해 비타민과 영양보조제는 하루도 거르지 않았다. 지리산 심마니가 선물한 산삼도 몇 뿌리 먹었다. 나는 건강해졌을까?

마흔을 넘어서니 고혈압, 고지혈, 내당능장애, 통풍이 세트로 육신을 공격한다. 정해진 명命까지 팔팔한 노인으로 살다 하루아침에 돌연사하는 게 목표인데 큰일났다. 이 난국을 어떻게 타개할꼬.
오십을 즈음해서 일 년간 좋아하는 모든 것을 다 끊었다. 밀가루, 흰밥, 설탕과는 완벽히 결별하고 현미, 채소, 콩, 두부, 달걀, 과일, 어패류, 견과류, 올리브 오일만 먹었다. 내 몸에선 어떤 일이 벌어졌을까?

십수 년 넘게 내 정체성 상당 부분이던 고지혈과 고혈압이 간다는 인사 없이 스르르 사라졌다. 통풍도 안전 수치로 내려왔다. 어쩌다 야밤에 달달한 간식을 먹고 자도 다음 날 아침 공복혈당이 100을 넘지 않는다. 한 번씩 쓰레기를 폭식해도 식후 1시간 혈당이 120에서 왔다갔다, 오히려 낮아서 걱정이다.

공자는 오십을 지천명知天命이라 했다. 세상 섭리와 우주 돌아가는 시스템을 깨닫는 나이란다. 그렇다면 나는 아직도 이팔청춘이니 땡큐, 공자님. 그래도 이 나이까지 살아봤으니 딱 하나, 진리 비슷한 걸 말하라고 한다면 단연 이렇다.

좋은 것 10개를 더하는 것보다 나쁜 것 하나를 빼내는 게 성공 비결이다. 인생이든, 건강이든, 공부든 말이다.

고름은 절대 살이 되지 않는다.

CHAPTER11

착하니까 힘들다

"밤 12시 넘어서까지
수학 과외를 받고 있어요.
괜찮을까요?"

"삶이
우울한 아이는 어떻게
해야 할까요?"

양치기가 유일한 답일까?

내게서 2년째 수학과 국어를 배우고 있는 여고생 수민이에겐 남동생이 하나 있다. 수민이 엄마는 막 중학교에 들어간 아들도 받아 달라 성화지만 할 수 없다. 자리가 찼다.

"지금 다니는 수학학원, 괜찮은 곳 같아요. 홍철이가 잘하고 있는지 한 번씩 점검은 해드릴게요."

순하고 소심한 홍철이, 센 엄마 밑에서 반항 한 번 못 하고 살지만 얼굴이 마냥 어둡지는 않다. 여름방학쯤 수민이가 말한다. 엄마가 동생 수학학원을 바꿨는데 ○○수학이란다.

"엥? ○○수학?"

○○수학은 엄마들 사이에서 핫하다. 극악한 양치기로 유명하다. 선생님 열정이 넘쳐 그날 분량을 다 못 풀면 새벽 한 두 시까지도 남긴다는 소문을 풍문으로 들었다.

"양치기 하니까 성적이 잘 나오던데?"

맞다. 특히 중학생 때는 양치기가 최고, 처럼 보인다. 하지만 그 끝은 지옥문으로 연결될 수 있다. 양질 전환과 과유불급 사이에서 절묘하게 균형을 잡아야 지옥으로 떨어지지 않는다.

① 양질 전환 법칙
양이 꾸준히 축적되다가 임계점을 넘어서면 질적 변화가 일어난다. 물을 끓이면 온도가 점진적으로 상승하다가 100℃에 도달하면 기체로 변하는 것처럼.

② 과유불급
지나치게 하는 건 부족한 것과 같거나 부족한 것보다 못하다.

양질 전환을 바라지만 양치기는 대부분 과유불급에 머문

다. 왜 그럴까?

아파트 벽면이나 바닥(천정)을 만들기 위해 건더기가 섞인 액체 상태 콘크리트를 붓는다[타설]. 이게 고체로 딱딱하게 굳는데[양생] 일주일 이상 걸린다. 비올 때 타설하면, 너무 춥거나 건조하거나 일교차가 극심할 때 양생하면 콘크리트 강도가 약해져 건물이 부실해진다. 양생 기간을 줄여도 마찬가지다.

하지만 빨리빨리 민족인 우리가 어디 그런가. 공기(공사 기간) 준수나 단축이 수익과 연결되기 때문에 비가 와도 콘크리트를 붓고, 단단히 굳지 않아도 그 위에 새로운 층을 올린다. 결과는?

서양에선 100년을 채워도 멀쩡한 콘크리트 건물이 한국에선 30년만 지나도 재건축 대상이다. 짓는 중에 무너지기도 한다. 양치기가 꼭 이렇다. 깊은 이해는 됐고, 속도와 양을 추구하기에 날림 공사 확률이 99%다.

지옥으로 인도하는 길은 넓고, 밝고, 그럼직하다. 먹음직도 하고 보암직도 하다.

세상에 절대 선과 절대 악은 드물다. 선행학습처럼 양치기도 필요한 시기, 필요한 상태가 있다. 내시경 때 수치심과 고통을 삭제해주는 프로포폴처럼 말이다. 하지만 프로포폴을 매일 맞으면? 감옥 가는 건 둘째 문제고 사람이 망가진다. 양치기가 그렇다.

양치기는 의사들이 전문의약품을 처방할 때처럼 제한된 시기에 정교한 범위로, 원포인트 전략에 사용해야 한다. 남용하면 큰일난다. 아이가 '충분히' 감당해낼 수 있는 스트레스인지에 대한 면밀한 판단이 필요하다.

다시 말하지만 양치기는 속도와 양에 주력하는 시스템이다. '깊게' 생각할 시간이 없다. 게다가 양치기는 시간을 많이 잡아 먹어 다른 과목 공부가 소홀해질 수 있다.

사내자식이 그 정도는 견뎌야지

양치기는 아이 멘탈도 무너뜨릴 수 있다. 확 무너지는 게 아니라 서서히 망가진다. 엄마 눈엔 짜증이 늘고 살짝 힘들어 하는 것처럼 보여서 그러려니 넘어간다. 이게 더 무섭다. 그냥 견뎌내는 중이다. 그러다가 마음이 병들거나 공부를 아예 포기할 수 있다. 소심하고 여린 아이들이 주로 그렇다. 반발하고 튕겨나가는 게 차라리 정신 건강에는 유익하다.

홍철이에겐 양치기가 독毒이 되고 있었다. 소심하고 표현을 잘 안 하니 스트레스받아도 속으로 삭였다. 내 눈에도 보이고 누나 눈에도 보이는데 엄마는 그러려니 한다.

몇 달 후, 홍철이 엄마가 다른 고등부 엄마들과 함께 식사를 대접했다. 홍철이 엄마 옆에 지퍼가 닫히지도 않게 책이 가득

한 가방이 보인다.

“선생님, 홍철이 교재인데 한 번 점검해주시겠어요?”

양이 엄청나다. 자체 교재라고 하지만 시중에 판매되는 책을 거의 다 모아서 발췌 편집한 자료다.

“이건 많이 심한데요. 홍철이는 물론 어지간한 중학생이 풀 수 있는 양이 아니에요.”

엄마는 요지부동이다.

“사내자식이 그 정도는 견뎌야죠.”

화통하고 낙천적인 홍철이 엄마는 이 모든 상황을, 먼 훗날 성인이 된 아들과 웃으면서 회상할 사소한 에피소드쯤으로 여기는 게 분명했다. 홍철이에게 맞는 학원으로 옮기라고 권해도 웃으면서 대답이 없다.

“이렇게 하면 아이 잡을 수도 있어요.”

역시 엄마는 못 들은 체 자기 말만 한다. 홍철이 엄마 역시 학원에 불만이 많단다. 지난주도 학원 앞에서 새벽 1시까지 대기했다며 볼멘소리를 한다. 당최 마칠 시간을 모르니 교대로 픽업하는 엄마나 아빠가 죽을 맛이라며, 열 받아서 학원비를 이틀 늦게 입금하는 정도가 소소한 복수라고 화통하게 웃는다.

그 아이는
어떤 어른이 되었을까?

양치기에 몰입한 홍철이는 어떻게 되었을까?

중학교 1학년 때 상위 20% 정도였던 홍철이는 2학년이 되면서 고등 선행까지 시작한다. 물론 학원 선생님과 엄마 뜻대로.

간간히 연락해오는 누나 수민이를 통해 홍철이가 경상도에 있는 한 사립대학에 들어갔단 말을 전해 들었다. ○○수학은 고1까지 다녔다고 한다.

내가 궁금한 건 대학 진학이 아니라 홍철이의 정신 건강이다. 적당한 스트레스는 오감을 자극하고 긴장감을 높여서, 좋은 성과를 낼 수 있는 간접 동인動因으로 작용할 수 있다.

만성 스트레스는 반대다. 인간을 심리적으로 퇴행하게 만든다. 멀쩡한 성인이 반항기 청소년으로, 아기로, 심지어 야만인으로 추락한다. 만성 스트레스는 정신을 마비시키기도 한다. 전장戰場에서 매일 피투성이 시체를 마주해야 하는 군인의 뇌는 어느 순간 스스로를 마비시켜 더 이상 공포를 공포로 느끼지 않게 변형된다. 그렇게 하여 공포는 물론 선악 구분 능력도 마비된 뇌가 탄생하게 된다.

만성적인 스트레스에 가장 취약한 유형은 순수한 사람, 착한 사람이다. 타인에게 스트레스를 풀어대지 못하니 오롯이 혼자 감내해낸다. 그러다가 마음에 크고 작은 병을 얻는다.

악한 사람은 정신질환에 잘 걸리지 않는다고 한다. 가족 친구 지인은 물론 길 가다 마주치는 낯선 사람에게도 거리낌 없이 제 스트레스를 풀어댈 수 있으니.

홍철이는 어떤 어른이 되었을까? 왜 홍철이만 생각하면 걱정이 앞설까?

그 아이를 넘어뜨린 마지막 지푸라기

어제까지 해맑게 "형, 안녕하세요" 했던 서울대 신입생 후배가 학교 옆 아파트에 올라가 몸을 던졌다.
모두에게 충격이었고, 원인을 캐묻는 여러 가지 추측이 나왔으며 자잘하게 빌린 돈을 며칠 전 싹 갚았다는 말도 들린다. 도대체 이해할 수 없는 죽음.
너를 넘어뜨린 마지막 지푸라기는 무엇이었니?

그 아이와 마지막 만남일 수도 있는 장례식장에 나는 가지 않았다. 남도에서 힘겹게 올라와, 열아홉 살 먹은 아들 시신을 부여잡고 절규할 부모의 눈물을, 나는 차마 볼 수 없었다. 그날은 내리는 비마저도 섬뜩한, 그런 날이었다.
우리는 그렇다 치자. 남겨진 부모는 어떻게 하라고. 비겁하고 이기적인 자식. 자식을 잃은 부모에게서 흘러나오는 신음은 공기마저 얼어붙게 만든다. 자식보다 더 많이 살게 된 부모는 살아도 죽은 것이다.

그러고 수십 년이 지났다. 어떤 책을 집어 들었는데 한 구절이 나를 그 아이 앞으로 데려갔다.

> "자살 생각을 하는 사람은 사느냐 죽느냐에 대한 생각에 매몰되어 괴로워하느라 다른 사람이 겪게 될 고통은 보지 못한다… 자살 생각을 하는 사람은 자살을 통해 사랑하는 사람들이 지고 있는 짐을 덜어준다고 생각하는 경우가 많다… 자살을 하는 사람 중 대다수는 자살을 이타적인 행위, 즉 사랑하는 사람에게 가하는 고통을 끝낼 방법이라고 생각한다."
>
> 《마지막 끈을 놓기 전》, 로리 오코너, 푸른숲. 108~112쪽

그래, 그랬구나. 너도 그랬었겠지.
그 아이를 무너뜨린 마지막 지푸라기 하나는 영원히 알 수 없겠지만 그는 끝까지 주변 사람들을 사랑했었다는 생각이 든다.
무엇보다 그 아이의 부모, 아마도 오늘까지 지옥을 살고 있을 그분들에게 이 글이, 그리고 이 책이 작은 위로가 되었으면 좋겠다.
같이 읽으면 좋은 훌륭한 책이 있다. 정신질환을 앓고 있는 가족이나 친구를 둔 사람이 읽으면 특히 좋고, 타자의 고통에 연민을 가진 사람이 읽어도 좋다.

《죽고 싶은데 살고 싶다》 김인종·김영철, 바른북스

CHAPTER12

인생에서 성공하려면

"명문대 합격 비법이 정말 필요해요!"

"학습법을 최적화하는 방법이 있을까요?"

밥벌이 수단으로써의 공부

조이는 자습형 아이다. 선생님들 강의가 귀에 잘 들어오지 않는다(69쪽 참고). 수학과 과학이 특히 그렇다. 들을 때는 이해했(다고 생각했)는데 점심이든 저녁이든 밥 먹고 돌아서면 까먹는다. 음식물과 함께 소화되어 똥으로 나가나 보다. 그나마 남아 있던 몇몇 기억도 하룻밤 자고 나면 싹 사라진다.

'나는 공부 체질이 아니구나. 운동으로 나가야겠다.'

드리블을 못하니 농구는 패스. 축구와 야구는 거의 해본 적이 없고 폐활량이 약해 수영도 그닥. 하나하나 따져보니 자신 있게 할 수 있는 운동이 걷기뿐이다.

오케이, 미술을 해보자. 나도 내 그림을 이해 못 하니 추상화로 나가면 되려나. 칸딘스키는 어렵고 몬드리안 정도는 할 수 있을지도. 됐다. 잠시 행복한 망상妄想을 했다. 음악은 어떨까. 박치와 음치도 음악이 가능할, 리 없겠지. 다룰 수 있는 악기도 없고.

하나하나 따져보니 조이 몸뚱이는 음미체에 전혀 적합하지 않았다. 그래, 죽으나 사나 비빌 언덕은 부모님뿐, 엄마 아빠 재산 파먹으며 살자. 그날 저녁 식탁에서다.

"아버지, 우리집 재산이 얼마입니까? 제가 놀고먹어도 될 정도입니까?"

숟가락으로 맞을 뻔했다.

"빚이 수억이다, 이놈아."

사실 조이도 쫄딱 망한 집안 사정을 알고 있었다. 그래, 어차피 인생은 독고다이, 믿을 건 나밖에 없다. 다른 재능이 하나도, 정말 1도 없으니 공부밖에 할 게 없네. 등록금 내주실 돈도 없다니 반드시 국립대를 가야겠다.

며칠 후 조이는 《수학의 정석》을 샀다. 학교 수학 수업은 어차피 이해가 안 되니 듣는 둥 마는 둥 혼자 공부했다. 수학 문제를 넣어주자 뇌세포가 팽팽 돌아간다. 그간 하도 머리를 안 썼더니 뇌가 굶주렸나 보다. 체력도 잘 비축되어 있어 새벽 한두 시까지 공부해도 다음 날 쌩쌩하다. 공부가 이렇게 쉬운 거였군. 그렇게 두세 달을 보냈다.

시험을 앞두고 두 달 전 풀었던 문제를 다시 풀었다. 한 번 틀렸었던, 그래서 풀이를 보고 이해했던 문제를 주로 풀었다. 그런데.

"이상하네. 두 달 전에 분명히 봤던 문젠데 안 풀리네."

"이건 지난주에 풀었잖아. 왜 안 풀리지?"

궁하면 통한다

혼자 힘으로 못 푼 문제는 선생님이나 풀이집 도움을 받아야 한다. 두 유형이 있다.

- A형: 강의를 듣거나 풀이집을 보면 어렵사리 이해가 되는 문제
- B형: 강의나 풀이집 설명 자체가 이해 안 되는 문제

두 달 전 기억을 더듬었다. A형이건 B형이건 다 이해해냈다. 분명히 이해했고 완전히 내 것이 되었다고 확신했다. 고생하며 풀었던 기억이 생생하다. 그런데 오늘 왜 안 풀리냐고. 돌아버리겠네.

'나는 수학 머리가 아니구나. 머리는 좋은데 그게 다 잔머리로 몰빵했구나.'

이 과정이 반복되니 열패감이 든다. 그렇게 열심히 했건만 다시 보면 안 풀린다. 깨진 독에 물 붓기다. 공부는 내 길이 아닌가?

내 길이 아니라도 남은 길이 하나라면 그 길을 가야 한다. 어쩔 수 없이 걸어야 하는 길, 그것도 내 길이다. 내게 공부는 곧 닥쳐올 미래의 생계가 달린 문제니까 포기할 수 없다. 포기하면, 굶어 죽는다. 하지만 어떻게?

궁즉통窮則通이라고 했다. 절박하면 대책이 떠오른다. 《주역》에 나온다.

易, 窮則變, 變則通, 通則久, 是以自天祐之, 吉無不利.
역은 궁하면 변하고 변하면 통하고 통하면 오래 한다.
이로써 하늘이 도와 길하며 이롭지 않음이 없다.

"길면 두어 달, 짧게는 일주일이면 '풀었던 문제'를 잊어버리네. 그러면 잊어버리기 전에 복습하고, 또 복습하고, 한 번 더 복습하면 되겠지 뭐."

실제 그렇게 했다. 주중엔 진도를 나가고 토요일마다 누적해서 복습했다. 중간은 지루하니 결과는?

등록금이 제일 싼 국립대에 합격했다. 서울대학교 말이다.

여기 나온 조이가 필자다. 서울에서 올림픽이 열렸던 1988년 무렵 이야기다.

서울대 합격 비법

수학은 이해 과목일까 암기 과목일까?

라임이 중요하다. 이해 과목도 맞고 암기 과목도 맞다. 이해 과목도 아니고 암기 과목도 아니다. 수학은 '이해 + 암기 + 이해 + 암기… '를 반복해야 하는 과목이다.

부분이건 전체건 혼자서는 못 풀고 '선생님 설명을 듣고 이해'하거나 '풀이집을 보고 이해'한 문제는 시간이 지나면 잊힌다. 영재급 이상이 아니면 반드시 잊어버린다. 시간이 지나 다시 풀어보면 안 풀린다. 머리 탓도 아니고 세상 탓, 환경오염 탓도 아니다. 수학이 원래 그렇다.

풀고 잊어버리고, 다시 풀고 잊어버리고, 풀고 또 잊어버리고, 이걸 몇 번에서 열 몇 번 반복해야 완전한 내 것이 된다.

나는 내 공부법을 '누적 복습법'이라 이름 붙였다. 대충 표현하면 이렇다.

1주 차: 1주 차 풀기

2주 차: 2주 차 풀기 + 1주 차 누적 복습

3주 차: 3주 차 풀기 + 1~2주 차 누적 복습

4주 차: 4주 차 풀기 + 1~3주 차 누적 복습

(…)

8주 차: 8주 차 풀기 + 1~7주 차 누적 복습

#중간고사

9주 차 : 9주 차 풀기 + 1~8주 차 누적 복습

10주 차 : 10주 차 풀기 + 1~9주 차 누적 복습

11주 차 : 11주차 풀기 + 1~10주 차 누적 복습

(…)

16주 차: 16주 차 풀기 + 1~15주 차 누적 복습

#기말고사

서울대에 진학한 후 쉬지 않고 과외를 했다. 역시 내게는 공부가 생계 대책이 맞았다. 유식한 말로 호구지책糊口之策이다.

아이들 역시 나와 똑같았다. 영재급 아이들 몇몇 외엔 예외 없이 똑같았다. 하위권은 말할 것도 없고 중위권도 상위권도

똑같다. 한 번 틀렸던 문제는 일주일쯤 지나면 잊어버린다. 아무리 길어도 두 달이다. 그러곤 이렇게 버벅거린다.

"어, 이거 분명히 아는 문젠데."

"얼마 전에 풀었는데."

나도 그랬다 요녀석아.

'누적 복습'은 유전자와 무관하게 수학을 잘할 수 있는 몇 안 되는 방법 중 하나다. 아이들은 잘 따라 할까?

그럴 리가. 한국 수학 사교육계엔 두 마리 유령이 배회하고 있는데 이름하여 '속도'와 '양'이다. 별명은 '선행학습'과 '양치기'. 속도와 양이 지배하는 세상에서 아이들은, 한 번 틀렸던 문제를 다시 풀고 반복해서 풀라는 걸 손해로 받아들인다. 심리적 저항이 강하다. 손실 회피 본능이 강력히 발동한다.

그래서 처음엔 선생님 노력이 많이 필요하다. 어르고 달래면서 누적 복습을 시켜야 한다. 그러다가 중간고사건 기말고사건 시험을 한 번 치고 나면, 효과를 보고 나면 그다음엔 스스로 한다. 물론 애들인지라 주기적인 당근과 특별한 당근이 필요하다.

누적 복습이 중간고사와 기말고사에 어떤 영향을 줄까?

학교든 학원이든, 느리든 빠르든 두 달 전 이해하고 넘어갔던 틀린 문제를 지금도 이해하고 있는지 점검하는 경우는 거의 없는 줄로 안다. 진도 나가기도 바쁘다. 그렇게 대략 8주를 공부하고 나면 중간고사나 기말고사가 등장한다.

시험 기간이 되면 처음(두 달 전) 분량부터 다시 공부하는데, 이미 다 잊어버려서 새로 공부해야 한다. 똑같은 시간을 들여 새로 풀어야 한다. 낭비도 이런 낭비가 없다. 하지만 대한민국 학생들 대부분이 이렇게 수학을 공부한다. 엄마 아빠 본인들 학창 시절을 떠올려도 되겠다.

누적 복습을 하면 시험 기간 때, 두 달 전 풀었던 틀린 문제와 개념이 다 기억난다. 이게 얼마나 즐거운 일일지 상상에 맡긴다. 누적 복습은 수학뿐만 아니라 역사와 사회 과목에서도 효과 만점이다. 내가 서울대 간 비법을 하나만 말하라면 단연 누적 복습이다.

누적 복습의 효과

지난 30년간 아이들에게 수학 누적 복습을 시켜본 결과, 주중보단 주말이 낫다. 주중엔 아이들 마음이 바쁘고 학교에서 이것저것 시키는 게 많아 두세 시간을 몰입하기가 여러모로 힘들어서 그렇다. 그래서 토요일 오전을 잡아 누적해서 복습하는 게 좋다.

토요일 말고 일요일도 괜찮은가?

일요일은 이미 아이들 마음이 최대한 풀어진 상태다. 일요일 오전에는 오후에 해야지, 오후가 되면 밤에 하면 되지. 밤이 되면? 내일 학교 갈 생각에 세상만사 귀찮고 짜증 난다. 이 마인드론 다른 과목은 가능해도 수학은 못 푼다.

그래서 토요일, 그것도 토요일 오전이 좋다. 어제까지 학교에서 공부했다는 긴장감이 여전히 몸에 남아 있고, 내일도 휴일이라는 사실 만으로도 뇌가 행복해서 그런지 토요일 오전이 누적 복습 효과 최고다.

얼마나 해야 하나?

시간 총량을 정해야 한다. 적어도 2시간, 많아도 4시간을 안 넘기는 게 좋다. 다른 과목 공부에 지장을 줄 수 있으니.

무엇을 풀어야 하나?

일단 자신이 못 풀고 선생님 도움을 받았거나 풀이집 도움을 받은 건 다시 풀어야 한다. 누적해서 계속. 주변에 있는 새로운 문제들(연습문제나 단원종합문제 등)도 한두 문제 풀어준다.

누적해서 복습하면 시간이 갈수록 공부량이 많아지잖아?

맞다. 산술적으로는 매주 두 배씩 늘어난다. 하지만 4주나 5주 차쯤 되면 1주 차 내용은 상당수 외우게 돼서 다시 안 풀어도 된다. 새로운 문제만 한두 개 풀면서 '기억'을 유지하면 된다. 이런 식으로 복습해야 할 문제량이 조금씩 줄어들면서 어느 순간부터 박스권을 유지한다.

누적 복습이 좋은 점 하나만 더 들면?

예전에 틀렸던 문제를 매주 반복해서 풀다 보면 새로운 깨달음이 생긴다. 같은 노래나 클래식을 반복해서 듣다 보면 어느 순간, 악기들 소리 하나하나를 구분하는 단계에까지 이르게 된다. 누적 복습이 그렇다.

평생을 견인할

한 문장

집안이 쫄딱 망했으면, 참고서 한 권 맘 편하게 사볼 돈이 없었으면 어지간하면 법대나 의대를 가서 뒷날을 도모하는 게 인지상정일 터. (누구나 가지는 보편적인 감정이나 생각이 인지상정人之常情이다.)

나는 달랐다. 물리학자나 수도사가 되고 싶었다. 잘 포장해서 말하면 '진리에로의 갈망'이라고 하겠다. 재수하면서 그 진리는 인문학에서 찾을 수 있겠다 싶어 문과로 전향했고 인문대로 진학했다. 원하던 대학에 왔건만 지독한 무기력과 우울이 나로 사로잡았다. 폐인처럼 하루하루를 살았다. 수업은 안 들어갔지만 먹고 살기 위해 과외는 빠지지 않았다.

그 꼴이 한심했던지, 혹은 불쌍했던지 선배가 무심코 던져 준 얄팍한 영어 원서 한 권.

The Problems of Philosophy (Bertrand Russell)♣

♣ 책이 그리 두껍지 않으니 고등학생도 부담 없이 읽을 수 있다. 게다가 저자는 노벨문학상까지 받은 천상계급 철학자다. 영어 독해력을 완성하기에 딱 좋은 수준인 데다 철학 기본기도 닦을 수 있으니 일석이조에 일거양득이다.

길게 갈 것도 없었다. 첫 문장이 도끼처럼 얼어붙은 내 영혼을 때렸다.

> Is there any knowledge in the world which is so certain that no reasonable man could doubt it?
> 사리에 맞게 생각하는 사람이라면 누구라도 의심할 수 없을 만큼 확실한 지식이 세상에 있는가?

나는 다시 일어섰다. 잊고 있던 진리에로의 갈망이 다시 타 올랐다. 그렇게 오늘까지 내 삶은, 저 한 문장에 답하기 위한 삶이었다고도 할 수 있겠다. 북토크마다 방송 인터뷰마다 하는 말이지만 어느 누구도 저 문장에 충격받지 않는다. 대학 후배부터 고등학생, 하다못해 명민한 중학생에게도 저 책을 읽혔지만 어느 누구도 자극받지 않았다. 왜 그럴까?
삶의 정황情況이 다르기 때문이다. 각자에겐 각자의 문장이 있기 때문이다.
한 문장이 그 사람의 평생을 계획하고 견인할 수 있다고 믿는다. 그런 책을, 문장을 중고등학교 때 만날 수 있다면, 천복天福이다.

CHAPTER13

때론 멈추는 것도 전략이다

"아이가 너무
무기력해요."

"아이 마음에
상처가 있어요."

국제학교 유급생, 승규

"내 친한 지인 아들 좀 봐줄 수 있겠니?"

분당에서 20년째 수학을 가르치고 있는 절친이 넌지시 부탁한다.

"승규는 분당에서 국제학교를 다니고 있어. 10학년이니 한국 학교로는 고등학교 1학년이야. 학교를 많이 빼먹어 한 차례 유급留級을 당했는데 여전히 정신을 못 차려 한 번 더 유급 위기야."

빡세군. 적어도 6개월 견적인데.

“12월 말부터 1월 말까지가 방학인데 그동안 네가 맡아서 인간 개조 좀 시켜줘.”

한 달은 짧다. 서로 얼굴 익히기에도 빠듯한 시간이다. 친구 부탁이라 딱 잘라 거절할 순 없고 이래저래 핑계를 찾는데 내 성격을 잘 아는 친구가 한 마디 덧붙인다.

“얼마 전 승규 아빠가 도로를 건너다 시내버스에 부딪혀 사망하셨어.”

승규 엄마, 창졸간倉卒間(미처 어찌할 수 없이 매우 급작스러운 사이)에 남편을 잃은 사정도 딱한데 버스회사와 법적 분쟁으로 골머리를 썩고 있다. 운영하는 영어학원이 잘 돼 경제 문제는 없지만 승규 때문에 바짝바짝 마르겠단다. 같은 국제학교에 다니고 있는 두 살 터울 여동생이 오빠 영향 받을까 봐 걱정되기도 하고.

“그래, 제주로 보내라.”

약속한 12월 말 오후, 승규와 엄마를 픽업하러 제주공항으로 갔다. 승규 녀석, 참 씩씩하게 생겼는데 얼굴이 꼬질꼬질하다. 머리에 기름도 자르르. 옆에 서니 냄새도 난다. 오은영 박사는 아니지만 딱 봐도 심리 상태를 알겠다. 옆에서 씁쓸히 미소 짓는 엄마 얼굴에 피곤함이 묻어난다.

셋이서 '세상 불편한' 저녁 식사를 한 후 엄마는 호텔로, 승규와 나는 우리집으로 왔다. 그날 밤부터 승규는 내 서재 겸 공부방으로 쓰는 별채에 묵게 된다.

잠만 자는 아이

겨울방학이라 아이들이 오전에 공부하러 온다. 전날 그렇게 당부했건만 승규는 8시가 넘어가는데도 일어날 생각이 없다. 흔들어 깨우고, 화장실에 집어넣고, 책상 앞에 앉혔다.

서재가 널찍해 수만 권 장서 사이에 책상과 테이블을 군데군데 배치해 놓았다. 승규는 하필 가장 눈에 띄는 현관 입구, 그것도 6인용 테이블에 자리를 잡고, 잔다. 웅장한 녀석. 착하고 순한 제주 학생들, 저 생명체는 뭐지 눈빛이지만 모른 척 해준다.

점심시간에 깨워서 다른 아이들과 같이 점심을 먹이니 잘 먹는다. 그리고 책상에 엎드려 또 잔다. 다른 아이들이 집으로 가는 4시쯤까지 잔다. 디스크 나가겠다, 이놈아.

우리 부부는 새벽 5시에 일어나 하루를 시작하는데 창밖을 보니 별채 건물, 승규가 자는 방에 며칠째 불이 환하다. 계속 밤을 새고 있었구나.

씻으러 간 사이에 책상을 대충 정리하는데 연필로 끄적거린 외계어들이 보인다. 사진 찍어 아내에게 보여줬더니 오, 한다. 작곡에 작사까지 하고 있단다. 아내는 서울에서 문화부 기자 생활을 오래 했었고, 유명 가수들 곡에 가사도 여러 번 붙였기에 눈썰미가 좋다.

그렇구나. 승규는 나름 열심히 살고 있었구나.

아내는 자신의 키보드를 승규방에 설치해줬다. 다음날부터 승규를 깨우러 가면 손으로 그린 악보 가득 콩나물, 이면지에 작사도 많이 했다. 그래, 뭘 해도 하겠지.

대부분은 찌질하게 산다

다른 아이들이 모두 집으로 돌아가면 책상에서 혼수상태 중이신 승규님을 모시고 밖으로 나온다. 해발 700미터쯤인 우리 집에서 외도라는 바다까지 걸어서 내려간다. 2시간쯤 걸린다. 가는 내내 바다 뷰가 장관이다. 한 달 동안 이리로 저리로 참 많이 걸었고 길거리 음식도 많이 먹었다. 분당에선 보기 힘든 아이템들이란다.

아이도 과묵하고 나도 과묵하니 내가 질 수밖에. 걷는 내내 쉴 새 없이 이야기를 들려줬다. 지적 토론보단 내 살아온 이야기를 많이 했다. 좀 친해졌는지 승규가 말한다.

"선생님, 제 여자친구는 우등생이에요. 동급생이었는데 유급하는 바람에 이제 제가 한 학년 어려요. 저 차일 거 같아요."

야, 진작 말했어야지.

승규를 데리고 유명 편집샵으로 갔다. 10대 여학생이 좋아할 만한 아이템을 남자 둘이서 킥킥거리며 골랐다. 같이 우체국으로 가서 분당으로 보냈다.

"승규야, 엄마가 너 언제까지 밀어주실 수 있다고 하시디? 유학까지는 보내주시겠다고? 야, 정말 부럽다. 샘도 미국으로 유학가려고 했는데 부모님 부양 때문에 포기했어. 너는 내가 못 가진 걸 가졌구나. 감사하고 살면 좋겠다."

어느 날 승규가 말한다.

"아빠랑 다투다가 제가 아빠한테 심한 말을 했어요."

그게 뭐. 다들 그렇게 성장하는 거지.

"바로 그날 오후, 아빠가…."

가슴 속에서 뭔가가 툭 소리를 내며 떨어진다. 자책감이 이 아이 영혼을 포박하고 있겠구나. 위로를 해줄까 반대로 갈까.

"부모님 잃은 고통을 종신지통終身之痛이라고 해. 영원히 지속되는 고통이라는 뜻이야. 거기에다 너는 아빠에게 막말한 죄책감도 평생 안고 살아가겠지.

그래도 너는 다행이다. 엄마 아빠가 기독교 신자시잖아. 사과할 기회가 아직 남아 있네. 나중에 천국에서 아빠 만나면 진심으로 사과해. 물론 네가 천국에 갈 수 있을지가 문제지만.

원래 다 그렇게 사는 거야. 샘도 그렇고 멋있게 사는 사람 별로 없어. 덜 찌질하거나 더 찌질하거나. 그 사이에서 왔다갔다 하는 게 인생이야.

승규야, 어쩌면 아빠는 지금 더 편하실 수 있겠다. 엄마와 여동생 보호는 네 몫이니까. 너무 T처럼 말했나?"

앞뒤 순서가 헷갈리고 정확한 멘트도 잊었지만 대충 저렇게 말했다.

1월 말이 되어 승규는 분당으로 올라갔다. 30일도 안 되는 짧은 동행이었다.

제주 사는 도사님

제주 생활 한 달을 끝내고 분당으로 돌아간 승규가 다행히 학교에 잘 간다는 연락을 받았다. 승규 엄마는 한 번씩 내게 카톡을 보낸다.

"안녕하세요 선생님~ 건강히 잘 지내시죠? 승규도 이제 12학년이에요. 선생님 덕분에 학교 잘 다니고 있어요~!! 입시는 잘 모르겠습니다ㅎㅎㅎ"

공부는 모르겠지만 더 이상 결석은 하지 않는단다.

"네~ 예전에 비하면 훨씬 잘 살고 있어요~ 여느 고딩처럼요."

미국 K대학교 입학이 확정되고 별 탈 없이 국제학교를 졸업했다.

“성적이 안 좋으니 골라 갈 수도 없고, 합격 메일 오는 곳이 기독대학이라ㅎㅎ 승규는 기독대학 싫어해요.”

미국으로 떠날 때까지 몇 개월 갭이 생겼는데 여전히 밤을 새나 보다.

“승규는 요즘… 또 제주로 보내고 싶어요ㅋㅋㅋ 자기 말로는 작곡하고 있다고 하는데 제가 부대끼네요. 제 눈엔 게임만 하는 걸로 보여서ㅋㅋ 그래도 감사해요~ 진짜 선생님 지분이 큽니다~!!^^”

“승규는 느려 보여도 결국엔 제 앞가림 잘 해낼 아이라고 믿습니다. 다 어머님 기도 덕이죠. 어머님이 손을 떼는 딱 그만큼 승규가 자랄 거예요. 맘 편히 놓아주세요.”

“느리다…는 관점으로 보니 좀 마음이 편해지네요^^ 승규가 너무 안 움직여서… 제주로 보낼게요. 허드렛일이라도 시켜달라고 톡을 쓰고 있었는데… 가만 있을게요~^^;;”

엄마, 승규, 승규 동생이 제주로 왔다. 미국으로 떠나기 전

인사하러 왔단다.

나는 승규에게 특별히 해준 게 없다. 재우고, 깨우고, 먹이고, 걸어 다니고, 이야기하고. 이렇게 해서 뭔 변화가 있을까 싶었는데 고맙게도 승규는 반쯤 새사람이 되었다.

승규가 분당으로 돌아가고 몇 달 후, 재밌는 일이 일어난다.

"다름 아니라 당시에 승규 상담해주던 선생님께서 어제 연락오셔서는… 제주 선생님께 멘토링 부탁할 수 있냐고 여쭤보셨어요(그때 승규가 제주 가길 진짜 잘했다고 그러셨었거든요). 괜찮다 하시면 연락처 전달드릴게요~"

승규 때문에 분당에 희한한 소문이 돌았나 보다. 제주에 가면 문제아들을 한 방에 변화시켜주는 도사님이 사신다고.

"안녕하세요 선생님~ 잘 지내시죠? 늦었지만 새해 복 많이 받으세요^^"

"저 아는 분 아들이 옛날 승규랑 비슷한 상태라… 선생님 생각이 났어요. 중2 올라가는데요~ 게임만 하다 늦게 자고 학교 못 가고 그런 반복 중이고… 아빠랑은 가끔 통화만하는 싱글맘 가정이에요. 우울보다는 게임중독에 가깝고, ADHD 약을 처방받는다는 점이 승규랑 달라요. 선생님이 오케이 하시면,

아이에게도 물어볼건데… 그치만 아이가 안 간다고 할 수도 있을 것 같아요~ 폰을 놓지 않으려 하니ㅜㅜ"

어떤 날은 강남에서 연락이 온다. 연결연결해서 강남까지 소문이 갔나 보다. 학원 선생님이란 분이 다짜고짜 물어본다.

"선생님께서 운영하시는 프로그램에 들어가려면 어떻게 해야 합니까? 조건은 어떻게 되죠?"

엄마도 휴식이 필요해

사실 승규도 승규지만 승규 엄마가 더 걱정이었다. 승규 남매가 대학에 가고, 취직을 하고, 결혼을 하고, 아이를 낳는 그 기쁜 일들을 더 이상 남편과 함께하지 못한다. 기쁜 일은 그렇게 영원히 슬픈 일이 되어버렸다.

승규 엄마가 아들이 잘 지내고 있냐고 연락이 왔길래 답했다.

"어머니, 승규는 잘 있어요. 제가 알아서 잘 보살필게요."

"이제 어머니도 좀 쉬세요."

나중에 승규 엄마는, 쉬면서 위안받았다고 고마워했다. 어쩌면 승규도 승규 엄마도 잠시 쉼이 필요했던 게 아닐까.

2001년 미국 땅에서 자행된 911 테러는 모든 미국인, 특히 뉴욕 사람들 정신을 마구 헤집어 놓았다. 뉴욕을 상징하던 쌍둥이 빌딩이 무너진 자리가 깨끗이 정리되고, 그 자리에 새 건물이 들어서기 전까지는 911의 고통이 계속될 거라 여겼다.

테러 10일 후인 9월 21일, 뉴욕 셰이 스타디움에서 뉴욕 메츠와 애틀랜타 브레이브스가 메이저리그 경기로 맞붙었다. 뉴욕 메츠의 스타 포수 마이크 피아자가 날린 홈런이 뉴욕 밤하늘을 가르며 담장을 넘어간다.

"와!"

공 하나가 사람들 고통을 치유하는 기적을 일으킬 수 없다. 다만 그 순간, 많은 미국인이 잠시나마 고통을 잊을 수 있었다.

CHAPTER14

생각하기를 멈춘 아이들

"우리 아이는 세상을 제 맘대로 해석해서
말이 안 통할 때가
많아요."

"국어가
평균을 갉아먹는
아이를 위한
해결책 없을까요?"

실수만 없으면
100점 받는 아이

이제 5장에서 만났던 종수 이야기를 좀 더 해보자. 종수는 똑똑한 유전자를 엄마 아빠 양쪽에서 곱배기로 물려받았다. 의사인 아빠, 명문대 출신 엄마, 수학 강사로 유명한 고모 등 머리가 안 좋기가 더 힘들다. 게다가 종수는 부모님 성품을 빼다 박아 인성도 좋다.

지능, 인성, 가정 분위기, 경제력을 보건대 공부를 못할 이유가 없다. 상위 1%에 못 드는 게 오히려 이상한 아이인데 수학이 태클이다.

종수가 다니던 중학교는 1학년 1학기가 자유학기제라 중간고사도 없고 기말고사도 없었다. 학원 시험에서 실수를 많이 해도 시간이 지나면 나아질 거라 믿었다. 학원 선생님들도, 엄마도, 종수도.

2학기가 되자 문제가 불거진다. 두 시험(중간과 기말) 모두 수학 점수가 90점 내외다. 중학교 전 과정을 두세 번째 돌리고 있고 고등학교 선행도 상당 부분 건드린 아이가 말이다.

사후事後 평가를 해보면 종수가 다 풀 수 있는 문제였다. 크건 작건 실수로 틀렸다는 말이다. 실수가 실력으로 굳어지는 경우가 꽤 많다. 정치인들 실수가 본심의 반영이듯 학생들 실수는 거의 실력이다.

다급해진 엄마가 아빠 친구들, 즉 의사 사회 네트워크를 총동원해 용하다는 선생님들 여러 명 찾아냈다. 그래도 실수는 줄어들지 않는다. 선생님을 몇 번 교체해도 똑같다.

실수를 교정하는 몇 가지 표준화된 방법이 있긴 하다. 말 그대로 표준이라 모두에게 적용되지는 않고, 적용된다고 100% 효과 있는 것도 아니다. 종수도 마찬가지.

표준을 벗어난 변태스러운 방법을 사용한 선생님들도 있다. 그중에 제일은 틀린 문제 풀이를 반복해서 10번씩 쓰도록 했단다. 쌍욕이 올라온다. 수학에 진절머리 치도록 유도하는 걸 넘어 심각한 아동 학대다. 울컥했지만 차마 물어볼 순 없었다.

'그걸 어떻게 참아냈니?'

전교 1등에서 꼴찌까지, 순둥순둥 모범생부터 쌈박질이 취미생활인 XXX연합 일진까지, 서울에서 경기 찍고 제주까지, 30년 넘게 아이들을 봐온 내게도 종수는 처음 만나는 캐릭터였다. 종수 사고 체계와 논리 전개 과정을 파악하기 위해 종수 오른쪽에 앉았다. 수학 문제 푸는 걸 처음부터 끝까지 관찰했다.

안다. 애도 부담스럽고 나도 그렇다. 하지만 별 수 없지.

머리가 좋아서 그런지 중간 과정을 생략하는 경우가 잦다. 특이한 건 그렇게 해도 실수가 거의 없다. 그러니 선생님들이 칭찬해주고 본인도 으쓱했을 터.

나는 다르게 본다. 영재급 이하 아이들이 풀이 중간 과정을 손이 아니라 머리로 풀면, 실수는 고사하고 뇌에 과부하가 걸릴 수 있다. 중간 사양 컴퓨터에서 실행창을 30개쯤 띄워놓고, 유튜브 화면도 5개쯤 돌리는 것과 비슷하다. 전체 성능을 떨어뜨린다는 말이다. 여하튼 이건 천천히 고치면 되니 일단 패스.

수업이 서너 번을 넘기자 특이점이 발견된다. 수학엔 여러 약속들이 있다. 전제라고도 한다. 예를 들어 삼각형 세 내각內角의 합은 180도다. 정말 그럴까?

'평면도형'에서만 그렇다. 구球 표면에 그린 삼각형 세 내각의 합은 180도보다 크다. 말 안장 같은 쌍곡면에 그린 삼각형은 180도보다 작다. 그래서 중고등학교 수학에서 '삼각형 세 내각의 합은 180도'라고 말할 때는, '평면도형에서'라는 전제가 생략되어 있다. 종수는 이 지점에서 걸렸다.

"누가 정했어요?"
"전제인지 아닌지 어떻게 구분해요?"
"이걸 모르는 학생도 있는데, 불공평하잖아요!"

합집합(∪)이란 게 있다. 'A∪B'나 'A 또는 B'라고 표현한다. A이거나, B이거나, A와 B 공통이거나. 종수는 이것도 마뜩잖다.

"편의점 가서 점심으로 먹을 삼각김밥 또는 컵라면을 사와, 하면 둘 중 하나를 사오는 거잖아요. 그런데 수학에선 왜 둘 다예요?"

수학엔 실생활과 용법이 다른 표현이 여럿 있어, 라는 말을 납득하지 못한다.

"왜 실생활과 수학이 달라요?"
"그건 누가 정했어요?"

“실생활과 다르면 학생들에게 알려줘야죠.”

아, 이노무 자슥, 참 피곤하다. 아무리 설명해도 수긍하지 않는다. 그 중에 제일은 이거다.

“수제 돈가스면 다른 돈가스는 발로 만들어요?”

듣고 보니 말은 된다.

문학을 혐오하는 아이

앤 뭐지, 싶었지만 살짝 실마리가 보인다. 어쩌면 수학이 아니라 국어 문제, 언어 때문일 수도 있겠다. 일단 언어 능력 자체가 문제인지를 살폈다.

뇌에는 언어를 이해하고 해석하는 '베르니케 영역Wernicke's area'과 언어를 생성하는 '브로카 영역Broca's area'이 있다. 베르니케 영역이 손상되면 말과 글을 이해하는 능력이 떨어지고, 브로카 영역이 망가지면 문장을 구성하는 능력이 저하된다. 물론 우리 뇌는 여러 영역이 긴밀하고 복잡하게 연결되어 있어서, 한쪽 영역이 손상되어도 다른 쪽이 커버하는 경우가 많다.

종수는 글을 이해하는 능력이 떨어진다기보다는 자기만의 독특한 세계관으로 해석하려는 경향이 농후해 두 경우는 아니라고 판단했다. 계속 대화를 해보니 과학 쪽 머리가 탁월하고 말할 때 논리도 탄탄하다. 뭐가 문제일까?

종수에게 김소월의 〈진달래꽃〉을 보여줬다. 시를 정식으로 보는 건 처음이지만 노래로는 대충 알고 있단다.

죽어도 아니 눈물 흘리우리다

사실은 '울겠다'는 말이다. 반어법이다. 이 구절은 한국 문학사(최초는 고구려 유리왕이 쓴 황조가)를 통틀어 반어법 지존으로 꼽힌다. 한국인 특유의 정서와 태도를 기막히게 녹여냈다. 하지만 종수는 수긍하지 않는다.

"이중인격 같은데요."

"종수야, 학교에서 친구가 '지랄발광'하며 형광등을 깨니까 네가 '오늘도 평화로운 하루'라고 했다면서? 그게 반어법이야. 너도 반어법을 쓰잖아."

주춤하지만 부정한다. 그냥 비꼬는 거였단다. 이럴 땐 영락없이 중학생이다.

나보기가 역겨워 가실 때에는 말없이 고이 보내드리우리다

"역겹다는 말을 자신에게 쓰는 건 자기비하 아니에요?"

"고이 보내준다고요? 말리거나 이유라도 물어야죠. 동정심 유발인가?"

"역겹다고 떠나는 연인에게 꽃을 깔아준다고요? 사이코패스, 변태잖아요?"

한국 최고 시를 꼽으라면 세 손가락 밖으로는 밀려나지 않는 명작이 종수에겐 엽기 아니면 변태다. 이 외에도 사례가 많다.

종수 문제점은 거의 확실해졌다. 종수 MBTI는 극T에 가깝다. 머리도 완전히 이과형이다. 내밀한 시스템까지는 알 수 없지만 종수는 '문학적 사고'에 엄청난 거부감을, 거부감을 넘어 적대감까지 가지고 있었다. (평범하고 상식에도 맞지만 자신이 볼 때) 애매하거나 모호하거나 전제가 생략된 표현을 보면 사고가 딱 거기에서 멈춰, 분노한다. 그럴 수 있지, 라며 넘어가는 적이 없다.

종수 엄마랑 통화를 했다. 엄마가 작성하는 아이 소개서엔 분명히 독서량이 많다고 했는데.

그제야 종수 엄마는 솔직하게 말한다. 엄마가 예술 애호가라 짬만 나면 남매를 데리고 서울로 가 오페라도 보고 미술관도 가는데 적당히 호응하는 여동생과 달리 종수는 잠만 잔다고. 독서는 소설을 많이 읽히려고 부단히 노력했지만 거부감이 너무 심해 포기했단다. 비문학은 그래도 제법 읽었다고 한다.

엄마 말을 듣고 확실해졌다. 진단이 나온다. 극단적으로 비문학에 치우친 사고방식, 문학적 사유에 대한 근거 없는 적대감이 수학 공부에 미묘하게 영향을 미치고 있었다. (종수 엄마는 남매가 초등학생일 때 몇몇 실험적인 국어교육을 시켰었다. 그게 종수에게만 특별히 부작용을 일으킨 듯도 했다. 동생은 아무 문제 없었다.)

은유 능력도 수학과 연결되어 있다

내가 종수에게 내린 처방이다.

30분: 독서

60분: 수학

60분: 고등학교 문학 문제 풀이

30분 독서는 철학, 역사학, 언어학, 미학, 인지과학, 심리학, 생물학, 우주론, 인류학, 정치, 경제, 사회, 문화 등 다양한 분야라 종수도 흥미로워했다. 하지만 고등학교 문학 문제, 특히 시 풀이가 난관이다. 10분도 못 채우고 종수 얼굴이 굳어간다. 문제와 풀이를 둘 다 납득할 수 없다며 짜증 내고 항의하고 몽니까지 부린다.

“왜 이렇게 접근해요?”

“문학적 허용의 기준은 누가 만드는 거예요?”

“왜 수학처럼 해석이 하나가 아니고 여러 개가 나오는 거예요?”

“정답에 가장 가깝다는 말은 덜 가까운 정답도 있다는 말이잖아요. 그게 말이 돼요?”

종수야, 시의 최고봉은 은유고, 은유는 천재들의 능력이야, 라고 했더니 솔깃해한다.

“은유를 할 수 있다는 건 서로 다른 사물들 간의 유사성을 간파할 수 있는 능력을 가졌다는 말이야. 그게 창의성이거든. 은유는 한 존재를, 그것이 속해 있던 사물과 장소에서 다른 사물과 장소로 옮겨놓는 천재적 행위야.”

(아리스토텔레스 말이다. 서울대학교에서 고대 그리스어까지 공부하며 플라톤과 아리스토텔레스를 공부할 땐 몰랐다. 이 말을 제주도에서, 그것도 중학생에게 써먹을 줄은.)

“은유는 문학과 정반대에 선 것 같은, 과학과 같은 엄밀한 학문에서도 중요해. 리처드 도킨스의 《이기적 유전자》라는 책, 알지? 워낙 유명한 책이라 책을 읽진 않았지만 뭔가 읽은 듯한 느낌. 여기서 '이기적'이란 표현도 은유야. 가장 성공한 은유 중 하나지. 이보다 더 도킨스의 주장을 효과적으로 표현해줄 방법이 생각나지 않을 정도로. 좋은 은유는 이해도를 올려줄 뿐 아니라 의식 깊숙이 박혀 사유의 방향을 조정하기도 해."

그 다음엔 꼬실 차례다.

"너 천재가 되고 싶지. 하지만 이미 끝났잖아. 은유는 천재들이 만들어내고, 수준 높은 은유가 가장 많은 곳이 시야. 시를 공부한다는 건 천재들의 사유를 감상하는 행위면서 재수 좋으면 조금이라도 닮아갈 기회가 되는 거야. 은유를 자주 사용하면 뇌의 두 지역이 동시에 활성화되고 더 똑똑해진다는 인지과학자의 보고도 있어."

종수는 어떻게 되었을까?

일단 문학 자료를 열심히 풀기 시작한다. 얼굴엔 여전히 불만이 가득하지만 강도는 조금 수그러들었다.

국어 감각을 높이려면

중학교 3년 과정을 대체로 착실하게 열심히 공부한 학생이 있다. 이 아이가 고등학생이 되면 어떤 과목이 '체감상' 가장 어려워질까? 단연 국어다. 국어 내신이 크게 어려워지고, 모의고사와 수능은 괴물 수준이다. 과목별 수능 만점자 수가 이를 방증한다.

2021학년도 수능: 국어 151명, 수학 2,498명

2022학년도 수능: 국어 28명, 수학 2,702명

2023학년도 수능: 국어 371명, 수학 934명

2024학년도 수능: 국어 64명, 수학 612명

왜 국어가 수학보다 (체감상) 어려워질까?

일단 온도 차가 커서 그렇다. 섭씨온도로 비유하면 중학교 수학은 80도, 고등학교 수학은 180도다. 어차피 뜨거웠다가 더 뜨거워지니, 힘들긴 해도 타격감이 덜하다. 국어는 중학교 때 30도였다가 고등학교 가면 130도다. 미지근했다가 뜨거워지니 충격이 크고 배신감도 느낀다.

두 번째 이유는 공부량이 적어서다. 중학교 국어는 말랑말랑해서 학생이나 엄마나 별 신경을 안 쓴다. 수학과 영어에 올인하기도 바쁘다. (독서를 포함해서) 국어 공부량이 수학-영어 공부량의 반의 반의 반도 안 된다.

'국어는 해도 점수가 안 나오고 안 해도 점수가 나온다.'

수십 년째 전국 고등학교 안에서 유령처럼 배회하고 있는 괴상한 믿음이다. 여고괴담은 화끈하게 무섭기라도 하지.

국어가 수학보다 어려워지는 세 번째 이유는 구조적이다. 2025학년도 수능 수학을 질문 형식에 따라 분류했다. 괄호는 해당하는 문제 개수다.

__ 의 값은? (12)

__ 의 최솟값은? (1)

__ 의 최댓값은? (1)

__ 의 가속도는? (1)

__ 의 값을 구하시오. (5)

__ 의 값의 합을 구하시오. (1)

__ 의 최댓값을 구하시오. (1)

2024학년도 수능 수학이다.

__ 의 값은? (11)

__ 의 거리는? (1)

__ 의 최댓값은? (2)

__ 의 값의 합은? (1)

__ 의 값을 구하시오. (5)

__ 의 값의 합을 구하시오. (1)

__ 의 최솟값을 구하시오. (1)

다음은 수능 국어다. 일단 2025학년도.

적절하지 않은 것은? (19)

가장 적절한 것은? (12)

가장 가까운 것은? (1)

일치하지 않는 것은? (2)

2024학년도 수능은 더 단순하다.

적절하지 않은 것은? (16)

가장 적절한 것은? (17)

가장 가까운 것은? (1)

수학 문제는 차갑도록 깔끔하다. 오지선다五枝選多 시스템 아래에서 5개 중 4개는 하늘이 무너져도 오답, 나머지 1개만 정답이다. 반성문을 매일 제출하고, 술에 취해서 그랬다, 정신 나가 그랬다 하면 음주운전자와 성범죄자 형량도 팍팍 깎아 주는 어느 나라 판사님들과 달리 수학은 냉정하다.

국어는 다르다. 이것도 정답 같고 저것도 정답 같다. 물음 자체도 희한하다. 가장 적절한 답을 고르란다.

'가장' 적절한 답? '덜' 적절한 답, '80%'만 적절한 답, '반쯤' 적절한 답도 있다는 말인가?

있다. 특히 문학 파트에 많다. 이게 국어를 어렵게 만들고 상위권조차 한 번씩 밑 모를 나락으로 빠뜨리곤 한다. 국어판 킬러 문제와 준킬러 문제다.

하나만 아는 사람은 아무것도 모르는 사람이다

조금 더 구체적으로 가자. 국어 모의고사나 수능 국어 중 가장 어려운 문제들이다.

① 오답

② 오답

③ 오답

④ 오답

⑤ 정답

이렇게 정답이 하나로 딱 보이면 최상위권, 상위 1%다.

① 오답

② 정답

③ 오답

④ 오답

⑤ 정답

한 개를 골라야 하는데 두 개 모두 정답으로 보인다. 이러면 공부를 잘하는 학생일까 아닐까?

상위권이다. 3개를 확실히 오답으로 골라낼 수만 있어도 실력자다. 상위권인데도 정답이 두 개로 보이고, 어떤 게 정답인지 헷갈린다고?

문제를 그렇게 만들어서이기도 하고 언어 자체 특성이기도 하다. 친구 둘이 싸울 때, 이놈 말 들으면 이놈 말이 맞고, 저 녀석 말 들으면 그 말도 맞는 것처럼. 5번이 정답이지만 2번도 상당히 정답스럽다. 만약 5번이 없다면 남은 네 개 중에선 단연 2번이 정답이다. 그래서 '적절한 답을 고르라'가 아니라 '가장 적절한 답을 고르라'다.

최상위권은 2와 5에서 5를 '이성'으로 골라낸다. 상위권은 다르다. 오답 세 개는 수월하게 골라낸다. 하지만 나머지 두 개가 쌍둥이처럼 보인다. 찍는다는 심정으로 하나를 고른다. '국어감'이 있을 땐 찍는 족족 정답이다. 국어감이 떨어지면 반대다. 찍는 대로 오답이다. 이건 이성으로 어찌할 수 없는 감각 영역이다.

"선생님, 그동안은 찍는 족족 정답이었는데, 고3 여름방학 이후엔 찍는 족족 오답이에요."

이런 상위권 아이들, 꽤 많다. 내가 해줄 수 있는 말은 하나밖에 없다. 재수해야겠는데. 국어감만 믿고 국어 공부를 등한시하면 일어나는 현상이다. 고3 초에 이러면 그래도 시간이 있어 복구할 여력이 있는데, 여름방학 이후면 힘들다.

국어감이 어떻게 형성되는지는 이래저래 주장이 많지만 아무도 모른다. 안다고 하는 사람은 '사짜'라고 보면 된다. 변수가 거의 무한대라 양자컴퓨터가 실용화되기 전까지는 못 밝힌다. 어릴 때부터 균형 잡힌 독서, 양질의 독서, 문학과 비문학 공부, 지능, 문해력, DNA 등 여러 요소가 섞인 것으로 추정만 할 뿐이다.

중위권 이하로는 어려운 국어 문제 오지선다가 어떻게 보일까?

① 오답

② 오답

③ 몰라

④ 몰라

⑤ 몰라

오리무중이다. 이래서 국어가 어렵다.

종수는 2(정답 같은 오답)와 5(정답)에 직면하면 일관되게 2를 선택한다. 정답보다는 불안한 정답, 다수보다는 소수 의견을 따라갔다. 다각도로 설명해도 제 생각을 바꾸지 않는다. 그래서 오히려 희망이 있다. 왜 그럴까?

어떤 문제는 정답을, 다른 문제는 정답 같은 오답을, 또 다른 문제는 오답을 고르면, 사실 중병重病이다. 편작 삼형제가 와도 고치기가 어렵다[중국 춘추전국시대에 살았던 유명한 의사다. 편작 큰 형(얼굴만 보고도 원인 제거), 편작 작은 형(병세가 있을 때 치료 시작), 편작(위중한 뒤에야 치료 가능)].

종수는 달랐다. 일관되게 '정답 같은 오답'을 고르고 있으니 생각만 살짝 바꾸면 정답으로 갈 수 있다. 사격할 때 탄착군이 형성되는 것과 같은 원리다.

"종수야, 네 생각은 한 번씩 선생님도 놀라게 해. 샘이 대학에서 논리학과 철학을 공부했잖아. 너처럼 독특한, 참신한, 세상 홀로 선 듯한 생각은 정말 귀해. 그건 창의력이나 창조력의 일종일 수 있고, 세상을 바꿀 수 있는 원동력이 되거든. 토요일 독서논술에서 네가 펄펄 날아다니는 이유이기도 하지.

독서논술에선 남들 다하는 생각, 표준을 따라가는 생각은 별 가치가 없어. 오류가 좀 있더라도 남들이 할 수 없는 생각을 해내는 게 중요하지. 거기에 논리와 정합성까지 갖추면 최고고. 하지만 중고등학교 국영수는 독특과 참신함이 아니라 표준 해석을 따라가야 해. 평가와 입시라는 프로크루스테스가 버티고 있으니.

프로크루스테스 알지? 사람을 붙잡아 제 침대에 눕힌 후, 침대보다 길면 다리를 자르고, 짧으면 몸을 침대에 맞게 강제로 늘리던 사악한 괴물 말이야.

대학을 가야 하니까 표준 해석에 맞추는 수밖에 없어. 아쉬운 건 우리니까. 우리가 약자니까 더러워도 참아. 그렇더라도 네 독특함과 참신함은 잘 보존하고 갔으면 좋겠어. 프로크루스테스 시험을 통과하고 나면 너의 독특함과 참신함이 네 삶을 풍성하게 만들어줄 거니까.

표준 해석과 표준 정답을 타자他者라고 생각해도 좋을 것 같아. 타자와 동화될 필요까진 없지만 타자를 이해하는 건 꼭 필요해. 타자를 알 수 없다면 우리 자신도 완전히 알 수 없거든. 네게 있어서 문학 문제를 푸는 건 타자의 생각과 논리를 경험하고 이해해 볼 수 있는 소중한 기회라고 생각해."

여기서 “네, 선생님” 이러면 판타지다.

몇십 분에 걸친 토론으로 제 논리가 다 막히면 그제야 종수는 입을 닫는다. 졌다는 말이다. 하지만 상기된 얼굴엔 억울함이 가득하다. 머리는 승복, 가슴은 불복.

머리와 가슴 사이엔 태평양보다 넓은 간극이 존재한다.

이런 일이 하루에도 몇 번씩 반복되니 나도 슬슬 열이 차오른다. 편하게 살려고 제주로 왔는데, 300명을 놓고 강연할 때보다 더 많은 스트레스가 한 번에 몰아친다. 얘를 그냥 내보낼까?

그럴 수 없다. 어떤 ‘수학’ 선생님도 발견할 수 없는 결함을 가진 아이다. 수학과 국어를 같이 가르치는 나만이 발견할 수 있고, 이해할 수 있고, 치료할 수 있는 결함이다. 내가 포기하면 이 아이는 방법이 없다.

다행인 건 갈수록 ‘국어 논쟁’은 줄어들었고, 차분히 문학 문제를 푸는 시간과 양에 비례해 수학에서 실수도 줄어들었다. 1년쯤 걸린 지난한 작업이었다. 지극히 어렵고 힘든. 종수에게도, 나에게도.

나중에 종수가 고백한다. 내가 해준 말 중에 괴테 말이 가장 와닿았다고.

He who knows one, knows none.

괴테가 언어에 대해 했던 말이다. 막스 뮐러가 종교에 인용하면서 근대 종교학이 탄생한다. 하나만 아는 자는 아무것도 모르는 자다.

상당히 시간이 흐른 후, 종수만큼은 아니지만 종수 약한 버전 아이가 한 명 들어왔다. (이런 아이들, 상당히 많다.) '문학적 사고'에서 헤매는 후배를 보고 중3 종수가 의미심장한 미소를 지으며 툭 던진다

"그게 이해가 안 돼?"

너도 그랬다. 녀석아. 역시 인간은 올챙이 적 생각 못 한다. 그래서 다행인가?

종수와 열띤 논쟁 때 들려줬던 일본 시가 떠오른다.

옆 방 불이 꺼졌다
밤이 차다

외로움을 없애주는 건 우리집이 아니라 다른 집 불빛이다.

평범한 아이들을 위한 국어 공부법

유전, 양육, 노력이 삼중으로 작용해 어릴 때부터 국어감이 좋은 아이는 딱히 큰 노력을 들일 필요 없다. 학교 생활을 '상식적'으로 해나가면 국어 점수도 잘 나온다.

평범한 아이는 다르다. '국어를 잡으려면 집 한 채는 팔아야 한다'는 말이 학군지에서 떠돌 만큼 국어 점수 올리는 게 쉽지 않다. 초등학생, 중학생이라면 지금이라도 열심히 '좋은' 책을 읽는 게 좋다. 고등학생이라면?

비문학은 답이 없다. 유명하다는 학원도 가고, 인강도 듣고, 할 수 있는 건 다해야겠지만 의미 있는 성적 향상은 없을 가능성이 크다. 독서만이 답이다.

문학은 방법이 있다. 미안하지만 하루 서너 문제 푸는 것으론 택도 없다. 마음 맞는 친구들 여러 명이 모여, 구할 수 있는 최대한으로 국어 문제집을 사 모아라. 몇 년 전 문제집도 상관없다. 오래될수록 더 좋다. 시는 시인별로, 소설은 작품별로, 문제집을 분해한 후 친구들과 합쳐라. 이걸 복사해서 나눠 가져라. 하루 30분 이상 집중해서 풀면 문학 실력이 유의미하게 올라간다. (문제집은 많을수록 좋다. 필자의 경우 20년치를 모아 편집했다.)

아이들이 예전보다 똑똑해졌다. 초등학교 아이가 마라탕 넘기는 그 입으로 양자역학을 이야기하고, 중학생 정도면 RNA와 DNA 차이를 명확히 구분한다. 말은 또 얼마나 똑부러지는지. 이 아이들과 비교하면 우리 세대는 대략 바보였다.

그런데 이상하다. 신실한, 고지식, 샌님, 중식, 존귀. 이게 무슨 뜻인지 아는 아이가 거의 없다. 고리'따'분이라 읽고 쓴다. 사흘이 4일이라 우기고, 대관절은 대관령에 있는 큰 절이란다. '임의의 숫자'에서 '임의'를 몰라 수학 문제를 못 푸는 중학생이 내 수업에만도 여럿 있었다. 대학교수가 수업 시간에 '존망'이라고 말했더니 교수님이 욕을 했다고 태클을 걸었다는 진짜인지 농담인지 모를 이야기도 떠돈다.

이 아이들이 자라서 만들어갈 세상은 이럴 게다. 어떤 업체가 홈페이지 사과문에 '심심한 사과'라고 썼더니 올라온 댓글이다.

'심심한 사과? XX 난 하나도 안 심심해. XX 니네 대응이 아주

XXX 재밌다.'

'나는 이렇게 속상한데 제대로 된 사과도 아니고 무슨 심심한 사과? 진짜 또라이들이네.'

'심심한 사과. 이것 때문에 더 열받아.'

다시 아이들을 돌아보니 유튜브 덕분에 과학에서 역사까지 짤막한 지식은 만물박사 수준인데 조금만 깊게 들어가면 어버버한다. 말은 청산유순데 문해력은 처참하다. 학력도 갈수록 쪼그라든다. 사방팔방 정보는 넘치고 공부 과잉으로 아이들은 힘들다 난린데, 왜 이 모양일까?

언제부터인가 아이들은 '생각이란 것을 하는 것'을 멈췄다. 아동학대라 고소할까 봐 다시 말한다. 요즘 아이들은 '깊게' 생각하지 않는다.

게임, SNS 스토리, 웹툰, 유튜브, 쇼츠.

생각을 안 해도 알 수 있게 해주고 복잡한 문제도 단순하게 전달해주니 아이들은 더 이상 시간과 에너지를 써가며 생각할 필요가 없다. 그런 세상이 되어버렸다.

탄생 의도와 달리 수능도 변질했다. 깊게 생각하면 망하는 시험으로 타락했다. 인강이건 학원이건 빠르게 푸는 법, 요령, 비법을 강조한다.

생각할 시간이 어딨어. 시키는 대로 풀어

국어 비문학 지문은 낯선 곳으로 나를 인도해서, 생각의 폭과 깊이를 확장시켜줄 수 있는, 중고등학생 처지에서 만날 수 있는 최고의 단문短文들이다. 부족한 독서량을 미미하게라도 보충할 수 있는 최후 보루이기도 하다. 하지만 언제부터인지 온갖 기호와 화살표로 문장을 자르고 이어 붙이고 난도질하는 게 유행이다.

생각은 무슨. 기계적으로 분석하면 돼

생각이 사라진, 판단력과 비판적 사고가 사라진 아이들 뇌에선 어떤 일이 벌어질까?

혐오와 차별, 가짜 뉴스와 극단적 논리가 쉽게 자리잡는다

생각은 누구나 할 수 있다. 하지만 '논리, 정합성, 비판 정신, 교양, 너비와 깊이, 성찰'을 품은 생각은 오직 독서를 통해서만, 수준 높고 품격 있는 독서를 통해서만 획득할 수 있는 고등 능력이다. 인간이 AI에게 맞설 수 있는 유일한 무기이기도 하고.

책을 읽지 않는 뇌는 생각하는 능력을 잃어버린다

어쩌면 가까운 미래, 생각은 특정 계층의 전유물이 될 거라는 불길한 느낌이 든다. 유튜브 영상을 하도 봐서 과학, 역사, 잡학 세부분에서 달인 수준으로 올라선 중학생이 묻는다.

"선생님, 유튜브에서 지식을 잘 요약해서 주는데, 굳이 '지루하고' '비효율적이게' 책을 읽어야 해요?"

질문 속에 저도 몰래 답을 넣었으니, 참으로 똑똑한 녀석이다. 영상은 즉각적으로 뇌에 수용된다. 뇌가 할 일이 딱히 없다. 책은 반대다. 문자를 수용하기 위해서 뇌는 언어 능력, 사고력, 상상력을 발휘해야 한다. 지루하고 비효율적이다.
웃기는 건 아이들이 지적하는 책의 단점이 정확히 책의 장점이다. 책만이 줄 수 있는 능력이다. 독서는 느리고 지루하며 어쩌면 괴로움이 따라붙기도 한다. 하지만 그 괴로운 시간이야말로 인간이 정신을 고양高揚시키고, 스스로를 성장시키는 연단의 과정이다. 책을 읽지 않으면 인간 정신은 언제나 그 자리에 머물게 된다.

과거는 미래를 비춰주는 등불이라고 한다. 과거가 현재를 도울 수 있다고도 한다.

둘 다 헛소리일 가능성이 높다. 과거는 유통기한이 짧아 10년을 견디지 못하고, 인간의 어리석음은 모양만 다를 뿐 인류 멸망 때까지 반복될 것이 확실하니까.

이 책은 반복되는 어리석음을 드러내는 등불이길 원한다. 어둠 속을 헤매는 아이에게 나아갈 길을 밝혀주는, 등불이길 원한다. 과거가 현재를 도울 수 있도록 말이다.

燈入房中夜出外

등불이 방 안으로 들어오자 밤은 밖으로 나간다.

국영수는 핑계고 인생을 배웁니다

초판 1쇄 발행 2025년 8월 1일
초판 2쇄 발행 2025년 8월 20일

펴낸 곳 섬타임즈
펴낸이 이애경
편집 이안
디자인 박은정

출판등록 제651-2020-000041호
주소 제주시 노형 4길 23
이메일 sometimesjeju@gmail.com
인스타그램 sometimes.books

ISBN 979-11-985203-5-7 03370